Sous la direction de

Frédéric Bedin, Benoît Désveaux
et Laurence Malençon

LA RELATION, LE NOUVEL OR DES ENTREPRISES

Communiquez autrement pour développer le capital relationnel de vos marques et de vos organisations

Éditions
EYROLLES

LA RELATION, LE NOUVEL OR DES ENTREPRISES

Éditions Eyrolles
61, bd Saint-Germain
75240 Paris Cedex 05
www.editions-eyrolles.com

Maquette et mise en pages : Florian Hue

ISBN : 978-2-416-00548-0

SOMMAIRE

AVANT-PROPOS
Pourquoi ce livre ?

C'est un fait : les métiers de la communication (communicant, publicitaire, *community manager*) sont peu valorisés ; ils arrivent en queue de peloton des métiers que l'on souhaite pour ses enfants (49 % de souhaits, 54 % de respect[1]). La communication est considérée, au mieux, comme un pousse-produit qui enlaidit les villes, incite à la consommation, s'insinue insidieusement dans notre cerveau, renforce les stéréotypes, véhicule mensonges et fausses promesses si elle n'est pas sous d'étroits contrôles d'instances de régulation. À côté de ces indicateurs déprimants, les écoles de communication affichent un dynamisme et une croissance à 2 chiffres, il s'en crée sans cesse de nouvelles. Selon l'INSEE[2], 2,8 % des actifs travaillaient dans le secteur de l'information-communication en 2016, soit 740 000 Français. Qu'en penser ? Que la communication est un mal nécessaire dans nos sociétés capitalistes, à superviser soigneusement ? Qu'elle est une fleur maladive qui s'épanouit au sein des sociétés de consommation ou des dictatures ? Qu'elle attire tout un tas de parasites désorientés en mal de vocation plus utile ?

1. Voir le « Baromètre des métiers dont les parents rêvent pour leurs enfants », *Challenges* du 10/09/2021, où les communicants occupent un *no man's land* en queue de peloton : ni utiles, ni demandés, ni rêvés.

2. Chiffres cités sur le site www.regionsjob.com/actualites/marketing-communication-chiffres-cles.html

Pourtant, ce n'est pas la manière dont nous, chez Hopscotch, nous vivons nos métiers de communicants. C'est d'ailleurs la raison pour laquelle nous avons eu le projet de ce livre en novembre 2019 : nous nous sentions en décalage avec l'image perçue du secteur. Nous acceptons les procès en novlangue franglaise ridicule et incompréhensible, nous voulons bien reconnaître que nous sommes les avocats de nos clients – nous y voyons d'ailleurs une certaine noblesse à partir du moment où, comme les avocats, nous leur rapportons la manière dont ils sont perçus auprès de leurs publics et leur permettons de se rapprocher de ces derniers. Nous ne nous sentons pas dans la peau de *Mad Men*[3] bronzés et manipulateurs, nous n'avons pas de Rolex, ni à 50 ans, ni jamais, nous ne sommes pas hors-sol, déconnectés des territoires, et beaucoup d'entre nous connaissent parfaitement les régions, les filières, les TPE et les PME.

Qui plus est, la France se réveille en fin de crise du Covid avec un sentiment d'urgence quant aux transitions à mettre en place ; les plans de relance se succèdent, dessinant le projet voulu par les Français : une France durable, dont l'énergie est assurée de manière propre, les territoires revitalisés par un tissu industriel nouvelle génération ; une France portée par des secteurs rénovés (aéronautique, automobile, nucléaire, agroalimentaire, santé, électronique, etc.), offrant la possibilité, aux citadins, d'aspirer à une meilleure qualité de vie avec l'essor du télétravail dans les villes petites et moyennes, aux territoires, de profiter enfin, de manière plus égalitaire, du dynamisme du pays, et enfin à tous, de réduire les inégalités, de permettre à la diversité de s'épanouir. Que de changements en si peu de temps ! Et là, que constatons-nous ? Après le Covid, nos métiers se réveillent sous tension. Il n'y a jamais eu autant besoin de communicants de toutes sortes : des *social listeners*, des consultants médias, des organisateurs d'événements, des marketeurs, des *social media managers*, des stratégistes digitaux, des spécialistes de la communication interne… et même des publicitaires. Il y a besoin de personnes pour faire la liaison entre des milliers de communautés

3. Référence à la série *Mad Men*, créée par Matthew Weiner en 2007 et montrant des publicitaires cyniques autant que glamour dans les années 1950.

représentatives d'opinions et d'intérêts divers, entre les acteurs d'une filière, entre les divisions d'une entreprise, entre les pouvoirs publics, les associations, les entreprises, les individus... Il faut comprendre toutes et tous, expliquer le mieux possible, permettre aux gens de s'informer, initier les dialogues, proposer des coopérations, mettre les tissus économiques, sociaux et sociétaux en mouvement.

La communication, c'est *l'énergie placée sur ce qui permet à une idée d'exister*. Ce sur quoi on met la lumière existera de manière puissante et prendra corps dans les esprits, restera dans les mémoires, sera cité en exemple. La communication est un carburant intense qui ne sert pas seulement à vendre, mais à divulguer de nouvelles idées et de nouvelles façons de faire, à promouvoir des comportements profitables, à rendre acceptable une manière de penser que l'on voudrait voir advenir, à créer du lien entre des gens différents à l'intérieur et à l'extérieur des entreprises, à faire évoluer les entreprises et les organisations... Fournir une information fiable, tisser des liens, permettre l'action. Voilà l'essence de notre métier tel que nous le percevons chez Hopscotch.

Depuis 2020 et le Covid, nous nous sommes tous retrouvés, entreprises, organisations, gouvernements, associations, individus... dans un tsunami d'ampleur mondiale. Le Covid a sonné le glas d'une certaine vision de la communication, qui érigeait en paradigme la créativité, la singularité et la libre-pensée : derrière la libre-pensée et la provocation, le machisme et le harcèlement étaient parfois en embuscade. Aujourd'hui, ce secteur, encore affaibli par un *business model* à repenser, est en pleine refondation.

On entre dans une nouvelle ère : la communication possède une utilité qui ne relève ni de la persuasion sournoise, ni de la séduction mercenaire au service de l'économie ; c'est un fantastique accélérateur de business qui fait circuler les idées, nous donne envie d'adopter d'autres comportements, crée de nouvelles normes, mobilise les gens, les met en relation les uns avec les autres et leur permet de créer ensemble.

Cependant, il faut réformer ce métier pour le mettre au service de l'époque, avec une nouvelle vision, de nouvelles méthodologies, l'ouverture du cœur, la capacité de se comprendre et de travailler ensemble. Nous nous sentons prêts à aider les marques, les entreprises, les communautés, les institutions dans le changement des modèles économiques et environnementaux en cours, surtout lorsqu'on sait le fantastique effet de levier que tous ces acteurs constituent dans la transformation.

C'est pourquoi le collectif des communicants de Hopscotch a voulu explorer dans cet ouvrage, écrit à plusieurs mains, toutes les pistes qui permettent à la communication de se saisir pleinement des enjeux des organisations, des entreprises, des marques et de la société d'aujourd'hui, et de faire évoluer ses métiers pour les adapter aux défis contemporains. Cet ouvrage aborde notamment :

- une manière différente d'envisager la communication dans ses nouvelles configurations ;
- la façon dont les relations de pair à pair (influenceurs, etc.) sont appelées à devenir l'épicentre de la communication : comment tirer parti de cette nouvelle communication horizontale ? ;
- les nouveaux critères de l'engagement et les nouvelles pistes pour créer des relations fortes dans un contexte surchargé d'informations ;
- les nouveaux défis auxquels sont confrontées des marques qui n'ont jamais été aussi fortes à l'Est et déclinantes à l'Ouest ; les nouvelles opportunités créées par une société qui demande des marques et des entreprises utiles, tournées vers le bien commun, dont les apports dépassent le simple fait de délivrer des produits d'un bon rapport qualité-prix et de créer des emplois. Comment la communication peut-elle se mettre au service de ce mouvement et solidifier les relations entre les différentes parties prenantes ?

Nous proposerons aussi de nouvelles façons de mesurer une communication réussie. Nous l'évaluerons sur sa capacité à créer, nourrir, renforcer les conversations ; nous présenterons à cet effet un indice pour booster l'engagement, créer du business et évaluer la communication à l'aune de ce nouveau critère.

Nous ferons le point sur l'intelligence collective, ciment essentiel pour permettre à toutes ces forces vives de travailler, progresser et créer de la valeur, de nourrir des visions d'entreprise, des plans stratégiques, des innovations produits ou services, de la gouvernance… Ce livre a d'ailleurs été écrit en collectif : il se présente comme une enquête où chacun apporte son point de vue, sa sensibilité et sa culture.

Nourri par les réflexions et les retours d'expérience des collaborateurs des différentes agences du Groupe en communication interne, externe, en influence, en affaires publiques, en relations médias, en réputation, en événementiel, en marketing digital… dans 60 pays du monde, ce livre est destiné à tous :

- à nos collaborateurs, à qui nous proposons une vision de la communication adaptée à la transition et aux changements en cours, de manière à parler le même langage et à mieux travailler ensemble ;
- à nos clients : organisations, entreprises, institutions, associations et fédérations, etc. ;
- à tous ceux qui travaillent en entreprise et qui veulent comprendre comment mieux fonctionner avec son écosystème ;
- aux étudiants en management, marketing, communication, événementiel, PR, digital… pour étoffer leur culture métier ;
- aux filières professionnelles (événementiel, relations publiques, digital, etc.) qui partagent déjà la vision d'un écosystème à animer ;
- et, bien sûr, aux curieux de tous bords qui veulent savoir de quoi est vraiment faite la communication et à quoi elle sert.

Nous avons enfin voulu ce livre vivant et animé. Nous avons souhaité des rappels de tout ce qui a constitué notre « air du temps » à tous, lorsque nous avons écrit cet ouvrage, parce que nos idées naissent directement d'une époque et que ce moment inouï, inattendu dans ce siècle, nous l'avons vécu ensemble, avec vous qui nous lisez.

1 LA COMMUNICATION, D'EDWARD BERNAYS À FRÉDÉRIC LALOUX

AIR DU TEMPS

Par Flora L. : novembre 2019

1 milliard de dollars est dépensé en 68 secondes par des Chinois sur le site de vente Alibaba pour la « fête des célibataires », tandis que le Black Friday perd en popularité en Occident : plusieurs enseignes boycottent l'événement commercial. Pendant ce temps, un jeune homme de 22 ans s'immole par le feu devant un restaurant universitaire français pour dénoncer la précarité des étudiants.

Le monde vient tout juste de trouver un vaccin contre le virus Ebola. Si la médecine progresse, l'hôpital public français souffre et son personnel manifeste dans tout le pays. À ce moment précis, le monde est encore loin de se douter que nos relations seront bientôt bouleversées par une crise sanitaire sans précédent...

Pour l'heure, c'est la marée jaune ! 3 000 Gilets jaunes sont rassemblés place d'Italie, à Paris, un an après le début du mouvement, et sont rejoints par le rappeur Nekfeu. Le film *Les Misérables* de Ladj Ly émeut la France. Des milliers de Français poursuivent une campagne de protestation massive, déstructurée mais terriblement efficace. Des relations se créent spontanément autour d'un seul et unique signe distinctif, un vêtement sans manches fluorescent, peu glamour, mais symbole fort d'une lutte populaire aux mille visages.

Alors que Tesla développe une impressionnante voiture électrique, véritable « pick-up du futur », Singapour décide de sanctionner les usagers de trottinettes électriques circulant sur les trottoirs... non mais !

La France dénonce les violences faites aux femmes, Adèle Haenel sort du silence, le pays déplore son 131e féminicide de l'année. Tandis que le concours de Miss France s'ouvre aux personnes transsexuelles, la Hongrie décide de ne pas participer à l'Eurovision, un événement jugé « trop gay ».

Alors qu'une procédure de destitution de Donald Trump débute au Congrès, les États-Unis actent officiellement leur retrait de l'Accord de Paris sur le climat. Marée noire au Brésil. Pollution aux particules fines à New Delhi. Violents incendies en Australie. Montée des eaux à Venise. Assez de catastrophes pour donner au groupe Coldplay l'envie d'arrêter ses tournées quelque temps, par souci écologique. La Banque européenne d'investissement réduira ses financements dans les projets liés au gaz, au charbon et au pétrole, et les députés français retireront l'huile de palme de la liste des biocarburants.

Pendant ce temps-là, Donald Trump publie un photomontage sur lequel on peut voir le torse du boxeur Rocky Balboa, surmonté de son propre visage. Décidément, novembre aussi aura eu son lot de rebondissements et d'absurdités.

RELATIONS PUBLICS

Lorsqu'on entre chez Hopscotch, la première chose que l'on voit sous le logo, c'est la locution « Global PR ». Cette expression un peu sibylline semble nous indiquer que Hopscotch s'occupe de relations presse ou publiques, et ce, à l'échelon global ; les salariés expliquent que l'agence s'occupe plus précisément de « Relations Publics ».

Houria est la véritable plume de cette agence. Les centaines de personnes qui travaillent dans le bâtiment de la rue Notre-Dame-des-Victoires reçoivent de temps en temps de sa part, avec un émerveillement parfois teinté de perplexité, de mystérieux *haïku* à décrypter : « *Rouge de son état / Ça fait 15 jours que tu l'as garé / Il ressent les premiers effets de la dépression hivernale / Pour un peu il se jetterait sous les roues d'un livreur de chez Option / Cela nous coûterait un procès pour non-assistance à vélo en danger / Il est temps pour lui de retrouver les verts pâturages de cette capitale endeuillée et pour toi de le délivrer... signé Adèle Pigeot, la cousine à Raymond Velib'.* »

J'interroge Houria sur l'expression « Global PR » : j'apprends que Global PR signifie que le métier de Hopscotch, c'est les Relations Publics, des relations avec plein de publics différents, d'où l'orthographe substantivée. Dans la foulée, Houria me précise qu'on a banni chez Hopscotch le mot « cibles » : « On veut entrer en relation avec des gens, on ne veut pas les abattre », souligne-t-elle avec sa verve habituelle.

« Global » ne renvoie pas à une présence mondiale – même si le groupe est présent dans 60 pays –, mais à une manière particulière de faire ce métier, qui consiste à développer les conditions de la relation *via* des événements, des trophées, des prix, des ateliers, des concerts, ou en créant des contenus éditoriaux ou artistiques. Ce n'est donc pas dans le classement d'agences événementielles que Hopscotch souhaite figurer, mais dans celui des agences de Public Relations, qui concerne la réputation des marques et des entreprises au service de leur business.

À la suite de la proposition soumise par Eva et Somalia, une réunion de lancement du projet ALL WRITE a été proposée à tout le groupe. Après présentation du projet, les collaborateurs se sont positionnés dans des équipes, chacune traitant un chapitre particulier du livre. Notre salle d'intelligence collective accueille tous les vendredis, en fin d'après-midi, des discussions animées. Durant les mois de novembre et décembre, les réunions ALL WRITE du vendredi soir ont fait le plein : calées juste avant le week-end pour décompresser autour de quelques friandises, ces réunions, ouvertes à tous, participants et non-participants au projet, renouaient avec la tradition des débats ouverts des années 1970.

On annonçait à l'avance le thème de la semaine et ceux qui avaient le temps passaient, écoutaient, donnaient leur avis. Du directoire aux stagiaires s'y croisaient des gens qui ne se voyaient jamais, issus de toutes les structures, lesquels découvraient les secteurs d'activité des uns et des autres et échangeaient leurs meilleures pratiques. ALL WRITE se révélait un formidable accélérateur d'innovation et de réinvention du métier.

Parmi les collaborateurs intéressés par le projet, une jeune consultante PR, Flora L., connue pour sa plume ciselée qui révèle son passé de journaliste, remarque qu'un livre, même un livre de points de vue et de théories sur la communication, devrait exprimer le contexte dans lequel il s'écrit.

– Il faut que les gens qui nous lisent comprennent d'où on parle. On est influencés par tout ce qu'on lit, ce qu'on voit, ce qu'on entend. Cela va aider à comprendre comment on travaille la communication ici.

D'autres ne sont pas d'accord.

– Il n'y a jamais de contexte dans les manuels de marketing. Les gens veulent des enseignements opérationnels qu'ils peuvent appliquer !

– Mais, rétorque Flora, suivie de quelques autres – les plus jeunes –, c'est pénible à lire ces bouquins sans âme, pleins de langue de bois. Et puis on retient mieux ce qui est vivant, imagé. Dans le journalisme, on l'a bien compris. Est-ce que pour une fois, on ne pourrait pas relever le défi de parler de ce que l'on aime faire, en essayant de le faire aimer de ceux qui nous lisent ? Penser à la relation que l'on va créer avec nos lecteurs, en somme ?

Ce dernier argument emporte la conviction de l'équipe. Flora s'administre la mission de tenir un journal de bord mensuel sur l'écriture du projet, en rapportant à chaque début de chapitre l'actualité dans laquelle il a été conçu.

BERNAYS OU BERNBACH : À QUELLE ÉCOLE DE COMMUNICATION SOUHAITEZ-VOUS APPARTENIR ?

À destination des enquêteurs du projet ALL WRITE, Jodie, l'assistante du directoire, a déposé un livre le premier jour, coiffé d'un Post-it sur lequel était laconiquement écrit : « Pour savoir d'où l'on vient. » Ce livre, *Propaganda*[1], c'est l'histoire d'Edward Bernays, le neveu de Sigmund Freud et l'inventeur des relations publiques à l'anglo-saxonne, au début du XXe siècle. Être le neveu de Freud s'avérait une bonne introduction dans le milieu balbutiant des publicistes professionnels, ledit milieu cherchant, à l'époque, à s'adjoindre les dernières découvertes sur l'inconscient pour mieux persuader et convaincre. Et, de fait, Bernays est l'un des précurseurs qui a mis à profit la psychologie du subconscient pour influer sur l'opinion publique.

Venant de la publicité, certains collaborateurs du projet ALL WRITE manifestent leur étonnement à la vue de cet ouvrage : ils ont été, dans leurs précédentes agences, plus habitués au patronage de Bill Bernbach[2], le brillant publicitaire à l'origine de la Coccinelle, familier des formules à l'emporte-pièce, qu'à celui d'Edward Bernays.

Le premier fait d'armes de Bernays a été de convaincre une douzaine de médecins d'encourager des millions d'Américains à ajouter du bacon à leur repas du matin... Habitude qui perdure aujourd'hui, pour le plus grand bonheur des producteurs de porcs.

---

1. Edward L. Bernays, *Propaganda : comment manipuler l'opinion en démocratie*, Éditions Zones, 2007.

2. Bill Bernbach, figure majeure de la publicité américaine, fut l'auteur, notamment, de la fameuse campagne Coccinelle, dans laquelle cette voiture atypique était désignée de *Lemon* : il s'agit de sa couleur, mais cela signifie également « horrible » pour les Anglais. Se revendiquer de Bernbach ou de Bernays en dit long sur la manière dont on envisage la communication, à savoir soit en prenant ses racines dans l'inconscient et en adoptant des méthodes informelles, soit en se référant à un système artistique avec une ambition esthétique et un média attribué.

Fort de cette première réussite, Bernays devient l'instigateur du succès phénoménal de la cigarette Lucky Strike auprès des femmes (c'est lui qui sert de modèle à Don Draper dans la série *Mad Men*[3]). Bernays fait valoir des positions féministes pour l'époque en revendiquant, *via* le symbole phallique de la cigarette, l'indépendance pour les femmes. En 1928, il organise un défilé de fumeuses sur la Cinquième Avenue à New York : les participantes – des féministes – arborent une cigarette dans une main et une pancarte « torches de la liberté » dans l'autre. Bientôt, la modernité pour les femmes se conjuguera avec la consommation de cigarettes.

Bernays cherche à comprendre qui sont les faiseurs d'opinion, les nouveaux propagandistes, et théorise l'idée de *shadow cabinet*, un « gouvernement invisible », c'est-à-dire d'un conseil occulte de dirigeants. Il adapte également les principes de ce que l'on appelle à l'époque « la propagande » à la société de consommation : « La nouvelle propagande [...] sert plus souvent à cerner les désirs des masses et à les réaliser. » Il appelle ce processus « l'ingénierie du consentement des masses ». Sa femme, Doris Fleischman, lui conseille alors d'abandonner le terme « propagande », trop utilisé, au profit de celui de « relations publiques », qui aura la carrière que l'on sait.

En feuilletant ces pages, les membres du projet ALL WRITE se sentent peu à l'aise dans leur peau de communicants : nous réalisons que l'idée de gouvernement invisible, de persuasion occulte, est l'une des causes du discrédit de la communication et de la défiance que ce métier inspire. Qui voudrait se faire manipuler inconsciemment et vouloir ce qui a été décidé par autrui ? « Les hommes prennent rarement conscience des raisons réelles au fondement de leurs actions », écrit Bernays, digne neveu de son oncle Freud : les passages à l'acte seraient des substituts compensatoires de désirs refoulés, ce qui expliquerait l'utilisation de multiples artefacts pour susciter le désir, créer l'événement, lancer des modes, fabriquer des polémiques de toutes pièces et établir un consentement à des idées décidées à l'avance.

3. Voir note page 10.

Pour tordre le cou à ce présupposé néfaste, un code d'éthique international des relations publiques, appelé le « code d'Athènes », a été édité en 1965. Amendé en 1968 et en 2009, ce code de déontologie théorise le « à grand pouvoir, grandes responsabilités », et rappelle que les êtres humains ont des besoins moraux, sociaux et intellectuels : ce code demande aux professionnels de s'engager à « créer les conditions du vrai dialogue », ou encore à « s'abstenir de diffuser des informations qui ne reposeraient pas sur des faits contrôlés et contrôlables », enfin, à s'interdire « toute technique de manipulation en vue de créer des motivations inconscientes ».

Point de vue

LES GRANDES LIGNES DU CODE D'ATHÈNES RÉGISSANT LES PROFESSIONS D'INFLUENCE

Tout praticien doit s'engager à :

- respecter, dans l'exercice de sa profession, les principes et les règles morales de la Déclaration universelle des droits de l'homme ;
- respecter et sauvegarder la dignité de la personne humaine, et reconnaître à chaque individu le droit de former, lui-même, son propre jugement ;
- créer les conditions morales, psychologiques, intellectuelles du vrai dialogue, reconnaître le droit aux parties en présence d'exposer leur cas et d'exprimer leur point de vue ;
- agir, en toutes circonstances, de façon à tenir compte des intérêts respectifs des parties en présence : ceux de l'organisation qui utilise les services d'un conseil ou d'une agence, comme ceux des publics concernés ;
- respecter ses promesses, ses engagements, qui doivent toujours être formulés dans des termes qui ne prêtent aucunement à confusion, et agir honnêtement et loyalement en toute occasion afin de maintenir la confiance de ses clients ou employeurs, présents ou passés, et de l'ensemble des publics concernés.

LA COMMUNICATION D'AUJOURD'HUI EST MARQUÉE PAR LES THÉORIES DES ANNÉES 1990

Chaque époque génère sa propre idée de ce que doit être la communication. La manière dont on imagine son fonctionnement reflète nos idées sur la façon dont nous sommes censés recevoir et traiter un message : la *disruption*, par exemple, méthodologie de marketing et de communication créée en 1997 au sein de l'agence de communication BDDP, est issue de l'âge de la programmation neuro-linguistique (PNL), approche psychologique qui consiste à modéliser et à reproduire les stratégies mentales utilisées par les gagnants. Voici ce que donne la PNL appliquée au marketing : on explore les représentations mentales d'un consommateur, puis on associe au produit une représentation différente susceptible de créer plus d'attirance. C'est cela que l'on appelle « disruption » : changer la convention existant sur le marché pour permettre à la proposition de sa marque de devenir singulière, originale, innovante.

Au-delà d'une certaine idée de la manière dont fonctionne notre appareil cognitif, la vision de la communication est aussi associée à une vision de la société. Pourquoi la disruption a-t-elle fonctionné dans les années 2000 ? Après des années 1980 flamboyantes, les années 2000 ont vu les signaux faibles de la crise de la société de consommation : crise économique et financière, bulle spéculative, premiers sommets sur l'environnement à Kyoto... Après avoir imaginé la communication comme un spectacle où on en prenait plein les yeux dans les années 1970, avec la « Star Stratégie » inaugurée par le célèbre publicitaire Jacques Séguéla (à l'époque, les publicitaires revendiquaient le fait de produire les minutes les plus chères de l'histoire du cinéma), on a éprouvé le besoin de se recentrer sur des produits fiables, utiles, sur des marques iconiques, fortes, mondiales, au périmètre étendu ; il fallait parler produit, produit et encore produit.

De cette époque, qu'avons-nous gardé ? L'idée que : la communication est au service de la marque et du produit ; il ne faut surtout pas faire de promesses que l'on ne peut tenir ; ce que l'on se donne comme mission, c'est de se mettre au service du produit, en parler honnêtement, judicieusement, astucieusement ; ce n'est déjà pas si mal si notre audience accepte de lire notre article ou de regarder notre vidéo jusqu'au bout. Pour cela, le grand mot était *entertainer*, distraire le « temps de cerveau disponible ». Ensuite, et puisque la diversification des médias numériques le permettait, on a parlé *brand content*, *storytelling*, création d'histoires qui essayaient de mettre la marque au centre.

Et pourtant, même si aujourd'hui, le marketing utilise plus que jamais le terme « disruption », même si le *brand content* recouvre une large palette d'expressions liées à la marque, allant du mécénat au lieu éphémère, en passant par les *stories* Insta ou les festivals de marque, d'autres attentes et d'autres réalités viennent bousculer cette vision, témoignant bien que l'on a changé d'époque.

POUR COMPRENDRE SON ÉPOQUE, JUSQU'OÙ REMONTER ?

Pendant longtemps, encouragée par mon métier de planneuse stratégique[4], j'ai cru que les tendances pouvaient permettre de comprendre son époque. À chaque début d'année, je suivais avec délice, comme un condensé d'époque, les lignes de force définies par les cabinets de tendances. Le JWT Future Trends 100[5] continue de m'émerveiller ; il fait émerger une véritable carte, hiérarchisée, structurée, lisible, de signaux faibles rassemblés sous une même bannière ; nous-mêmes,

4. Propos de Laurence Malençon, narratrice principale, ici et dans tout l'ouvrage.

5. Bible de tendances multisectorielles (culture, technologie, tourisme, marketing, alimentation et boissons, beauté, commerce, santé, business et finance), publiée chaque début d'année par l'agence JWT US.

chez Hopscotch, partant du principe que les auteurs étaient aux avant-postes des tendances, avons scruté les œuvres de musique, cinéma, jeux vidéo, livres, séries... pendant une dizaine d'années afin d'en tirer des dynamiques qui permettraient à nos marques de se réaligner sur leur époque.

Aujourd'hui, le rapport de tendances s'est ramifié : RH, digital, réseaux sociaux, iconographie... Cette impression que l'on avait de saisir l'ensemble d'une époque s'est brouillée ; on se perd dans les micro-manifestations, le particularisme ; chacun voit midi à sa porte...

Il faut désormais aller chercher plus en amont le cadre qui permet de savoir comment penser une marque, une entreprise ou une organisation dans son contexte. C'est justement ce que font les historiens : ils pensent, eux, que c'est à partir du rapport au temps et à l'espace que l'on peut comprendre une société.

Dans cette idée, Frédéric Laloux, ancien ingénieur qui a tourné le dos à la culture productiviste et auteur inspiré de *Reinventing Organizations*[6], a remis les organisations en miroir avec l'évolution des sociétés ; il a déterminé des « âges » correspondant à la plus ou moins grande maturité des entreprises et des organisations.

Reinventing Organizations est devenu un ouvrage culte dans tous les milieux de la transition et de l'économie sociale et solidaire. Pour la première fois, une entreprise pouvait se penser comme un construit historique et s'en émanciper pour tracer son propre chemin. Laloux renoue également avec le capitalisme pré-friedmanien et la longue tradition d'entrepreneurs sociaux, allant du XIXe siècle jusqu'aux années 1970, lesquels se reconnaissaient dans un projet d'entreprise équilibrant les forces économiques et sociales. La réflexion de Laloux a préparé la naissance des entreprises à mission.

6. Frédéric Laloux, *Reinventing Organizations*, Diateino, 2014.

Point de vue

REINVENTING ORGANIZATIONS : *DANS QUEL TYPE D'ENTREPRISE TRAVAILLEZ-VOUS ?*

Frédéric Laloux distingue 5 paradigmes organisationnels qui se sont succédé au fil du temps. Ces types de société sont dépeints par une caractéristique principale et une couleur :

» *société rouge*, fondée sur la force, la domination et l'arbitraire d'un chef de groupe il y a 10 000 ans. Aujourd'hui, on retrouve ce paradigme d'organisation dans les gangs et les mafias... un modèle adapté aux milieux hostiles, mais inopérant dans les environnements complexes ;

» *société ambre*, reposant sur la morale, l'ordre et la stabilité ;

» *société orange*, axée sur la réussite et l'efficacité ;

» *société verte*, fondée sur le pluralisme et sur l'harmonie.

Laloux prévoit l'émergence d'une *société opale*, valorisant la confiance, l'authenticité et la cohérence comme principes régulateurs. Ces sociétés, plus agiles et plus à l'écoute, connaissent les besoins de leur environnement et savent s'adapter. Leur émergence ira de pair avec celle d'un système relationnel différent : on y évoque la croissance zéro, la prospérité émotionnelle, une monnaie favorisant la fluidité et la circulation plutôt que l'épargne, une conception de la propriété associée au service de l'intérêt collectif... Avouez que cela donne envie !

L'époque est aux perspectives larges, globales et corrélées : l'entreprise reprend sa place initiale de projet humain, utilisant la rentabilité comme levier pour faire progresser le bien-être d'une société. Passionnée par les perspectives ouvertes grâce à ces idées, l'équipe ALL WRITE décide d'aller *se percher* pour questionner le cadre temporel et spatial qui prélude à l'émergence de ces nouvelles conceptions de l'entreprise. On parle beaucoup des théories quantiques en ce moment, et de manière assez insolite au sein de Hopscotch. Si on allait regarder de ce côté ?

SUM UP

La communication, comme toute pratique, repose sur un socle théorique qui dépend de l'époque dans laquelle elle se trouve. La communication s'est appropriée l'exploration de l'inconscient dès les années 1930 et s'est trouvée depuis associée à l'idée de manipulation inconsciente. Un autocontrôle a fait l'objet d'un code que les praticiens des relations publiques s'engagent à respecter.

Cette conception se trouve largement discréditée aujourd'hui. On comprend que la communication ne manipule pas les recoins obscurs de l'inconscient, pas plus que les marques et les entreprises ne relèvent d'une prétendue « loi du business » qui ne connaît que la concurrence sauvage. Au contraire, les marques, les entreprises et les organisations en 2021 tirent profit à créer des écosystèmes différents, axés sur la coopération et le partage d'informations et de savoir-faire. L'humanisme et la responsabilité gagnent les entreprises, y compris dans leurs hautes sphères. Et si la mise en œuvre est longue, progressive et complexe, nous avons franchi un stade d'évolution essentiel.

2 À LA RECHERCHE DE LA COMMUNICATION QUANTIQUE

AIR DU TEMPS

Par Flora L. : décembre 2019

L'heure du bilan a sonné. L'année a été brûlante, au sens propre comme au figuré. Elle clôture en effet la décennie la plus chaude jamais enregistrée sur notre planète, et les violents incendies en Australie ont ravagé plus de 10 millions d'hectares. En France, les esprits s'échauffent, eux aussi : les grèves contre la réforme des retraites se prolongent pour une durée indéterminée. Le bras de fer entre les syndicats et le gouvernement se poursuit et immobilise le pays. Faute de transports, les Français iront au travail à pied, feront du covoiturage et découvriront les joies du télétravail : une première pour bon nombre d'entre eux.

La température monte aux quatre coins du Globe, et les 200 États réunis lors de la COP 25 ne diront pas le contraire. Si l'objectif était de réduire les émissions de gaz à effet de serre, le sommet mondial fait un flop, car les chefs d'États restent divisés sur les sujets clés comme les engagements et financements nécessaires au respect de l'Accord de Paris. Pourtant, la France progresse sur le plan écologique en ce dernier mois de l'année. Elle vote l'interdiction de la destruction des invendus non alimentaires, la fin de l'emballage plastique à usage unique pour 2040, supprime le ticket de caisse papier à l'horizon 2021, et l'Agence nationale de sécurité sanitaire décide de retirer de la vente 36 produits à base de glyphosate.

Si l'année 2019 avait un visage, elle aurait celui de Greta Thunberg, désignée personnalité de l'année par le prestigieux *Time Magazine*. Ou peut-être celui de la finlandaise Sanna Marin, devenue la plus jeune Première ministre du monde, à tout juste 34 ans.

En cette fin d'année, les citoyens du monde vapotent allégrement en écoutant Drake et Ed Sheeran en boucle sur Spotify. L'intelligence artificielle permet maintenant de prédire les crises d'épilepsie, les policiers américains utilisent pour la première fois des robots-chiens télécommandés, et un homme réalise « l'exploit » du plus long marathon de jeux vidéo au monde, enchaînant 23 jours de jeu consécutifs. Netflix, bien installé dans le paysage audiovisuel mondial malgré une concurrence croissante des plateformes de streaming, récolte 34 nominations aux Golden Globes pour ses productions originales. Une banane scotchée au mur, œuvre provocatrice de Maurizio Cattelan, est vendue 120 000 dollars à la foire Art Basel de Miami.

L'actualité internationale reste mouvementée. Les États-Unis réclament des sanctions contre la Chine, accusée de répression à l'encontre des Ouïghours, et des centaines de milliers de manifestants défilent à Hong Kong pour les 6 mois du mouvement pro-démocratie.

De 2019, le monde ne retiendra peut-être pas que l'Inde a développé un contraceptif masculin efficace pendant 13 ans, ni que Rotterdam a vu naître la première ferme flottante non polluante et autonome en énergie. Il retiendra les flammes de Notre-Dame de Paris qui, en avril, ont bouleversé nombre de passionnés de culture et de symboles, et ont fait de notre Ville Lumière le centre de l'attention médiatique internationale, bien malgré elle.

PARLEZ-VOUS QUANTIQUE ?

Dans les conversations, dans les débats ou les interviews, sur les réseaux sociaux, combien de fois avez-vous déjà entendu cette phrase : « Ça ne me fait pas vibrer » ? Entendez-vous « synchronicité » lorsque vous pensez à quelqu'un et qu'il apparaît devant vous, ou quand vous avez oublié le code de l'immeuble mais qu'il vous revient soudain en mémoire, marqué sur la plaque d'immatriculation du camion qui passe ? Utilisez-vous l'expression « On est connectés » ? Pensez-vous qu'il y a de l'énergie dans l'air ? Que vous pouvez vous connecter à un champ d'énergie et capter ou ressentir celle-ci ?

Est-ce que, lors d'un dîner entre amis, quelqu'un a déjà évoqué la curieuse expérience de pensée du chat de Schrödinger, à la fois vivant et mort dans une boîte ? Seule l'ouverture de celle-ci permettrait de fixer l'état du chat : cette métaphore illustre le principe de superposition des états dans la physique quantique.

Si toutes ces expressions, ces concepts ou ces références vous parlent, c'est que vous aussi êtes influencés par la grille de lecture du moment sur notre référentiel de temps et d'espace, la grille de lecture quantique.

Des chercheurs comme Philippe Guillemant (CNRS), des scientifiques vulgarisateurs comme Gregg Braden ou Joe Dispenza, des journalistes comme Jocelin Morisson, des auteurs comme Bernard Werber ou encore des œuvres comme *Interstellar* ou *Tenet* ont contribué à populariser ces notions de physique quantique, lesquelles font elles-mêmes petit à petit leur nid dans la manière dont nous concevons notre façon de fonctionner et notre rapport au monde. L'idée n'est pas de débattre ici de leur vérité – nous ne sommes pas dans un forum de discussions scientifiques – mais de leur utilité.

NOS PENSÉES SONT DE L'ÉNERGIE

Comprendre la magie du quantique

La physique quantique est un ensemble de théories qui s'intéresse aux propriétés de l'infiniment petit. Imaginez qu'en dessous d'une certaine échelle, un peu comme avec le quai 9 ¾ dans *Harry Potter*, vous passiez dans une autre dimension où les lois physiques changent. Cette dimension quantique est régie par une théorie du physicien Max Planck, appelée « longueur de Planck » : elle s'exprime comme la longueur en deçà de laquelle la gravité commencerait à produire des effets quantiques ; le monde ne serait plus régi par les lois de la physique classique ; elle est évaluée à une échelle inférieure à 10^{-35} mètres (soit la taille d'un quark). Dans ce monde de l'infiniment petit, la matière se décompose en particules fondamentales : atomes et, à l'intérieur, fermions, bosons, protons, neutrons... Ces corpuscules obéissent à des lois propres, contre-intuitives par rapport à nos connaissances macroscopiques. Néanmoins, les applications de la physique quantique se sont révélées opérantes dans de nombreux cas : centrales nucléaires, IRM, semi-conducteurs de nos ordinateurs...

Parmi ces lois si contre-intuitives pour nous, il y a, par exemple, la dualité onde-corpuscule qui heurte notre pensée manichéenne (quand on est une chose, on ne peut en être une autre) : les photons sont ainsi corpusculaires *et* ondulatoires *en même temps* ; dans le domaine du *presque merveilleux*, on peut citer la loi de l'intrication quantique, qui suppose une dépendance de deux objets *à n'importe quelle distance* (les propriétés de l'un modifiant *instantanément* les propriétés de l'autre).

Se reposer sur les synchronicités

Mais en quoi cela concerne-t-il un livre sur la communication ? Ces théories influencent la manière dont nous concevons le cerveau humain. Voyons plutôt : le cerveau est très consommateur d'énergie : 20 % de l'énergie du corps serait puisée par le cerveau, lequel ne représente que 2 % du poids du corps. Et lorsqu'on voit ce dont il est fait, on le comprend : le cerveau est composé de 100 milliards de cellules nerveuses, les neurones, qui constituent un réseau câblé très précis, gainé de myéline, laquelle permet la propagation de l'influx nerveux. Les neurones communiquent entre eux par des signaux électriques appelés « influx nerveux ». Chaque neurone émet des connexions avec d'autres neurones par l'intermédiaire de terminaisons ayant l'aspect de petites vésicules, les synapses. Plus la fréquence de l'influx est importante, plus le neurone produit des substances chimiques que l'on appelle les « neurotransmetteurs » (les plus connus sont la dopamine, la sérotonine ou la noradrénaline), lesquels sont à l'origine de nos émotions.

Ce qui nous intéresse ici, c'est le fait de prendre conscience que nos pensées sont des impulsions électriques, donc de l'énergie ; comme n'importe quelle matière énergétique, elles se décomposent en... atomes, électrons, protons, neutrons, etc. Nos pensées obéiraient donc aux lois qui régissent la physique quantique. Autrement dit, il serait parfaitement explicable, en vertu de ces lois quantiques, que *plusieurs personnes pensent simultanément une même chose sans que l'information ait circulé entre elles.* Depuis Jung, on appelle ce phénomène « synchronicité » : nous l'expérimentons lorsque nous pensons à quelqu'un et que notre téléphone sonne justement à ce moment-là, avec cette personne au bout du fil.

Pour s'exprimer en images, on a vu que la communication, selon la vision bernaysienne, s'effectue en manipulant un gigantesque iceberg appelé « inconscient ». Dans la vision actuelle, la communication se brancherait sur un immense champ d'énergie dont nos neurones capteraient les fréquences et les impulsions. Entre ces deux métaphores, l'une est nettement plus sympathique que l'autre : tandis que l'une s'apprête à nous engloutir par le fond, l'autre fait lever notre regard vers le ciel !

La conclusion que l'on peut tirer de tout cela, c'est que la communication est une question d'énergie. Une bonne campagne crée un flux énergétique qui met en mouvement ceux qui y sont exposés. Ces dernières années, on a beaucoup entendu dire qu'une bonne communication se devait de proposer le maximum de sens. Si tel était le cas, cela flatterait évidemment le bon vieux fond cartésien français. Il suffit de regarder l'Instagram de Kendall Jenner, qui compte plus de 1 115 000 *followers* avides de voir la dernière photo de la star en maillot, ou les remous médiatiques suscités par un tweet de Jair Bolsonaro ou de Donald Trump, pour se rendre compte que c'est en fonction de l'énergie qu'elle dégage que nous devons juger d'abord la communication. Et le potentiel énergétique d'une idée pourrait s'exprimer par la formule suivante :

(Potentiel émotionnel × nombre de gens exposés × nombre de réactions)

Savoir manier le pouvoir émotionnel dans la communication

Qu'est-ce qui crée un pouvoir émotionnel ? Ce qui suscite une des 5 émotions principales, selon le psychologue Paul Ekman[1], à savoir la peur, la tristesse, la colère, le mépris et la joie. Comment suscite-t-on ces émotions ? Avec du scandale, du rire, de l'incongruité et de l'absurde, de l'attendrissement, de la peur, de la beauté, de l'érotisme... La provocation paie assez facilement, surtout si elle est répétée et qu'elle crée régulièrement de la nouveauté.

Mais il y a d'autres façons de charger la communication en émotion, en s'appuyant par exemple sur des valeurs humaines fortes, comme le sentiment d'appartenance à un groupe ou l'ouverture du cœur... Le premier confinement aura vu les marques se dépasser dans la mise en œuvre d'actions généreuses au service de leurs publics : mise à disposition de chambres pour les SDF ou le personnel soignant à titre gracieux, constitution de réseaux d'entraide ou de plateformes à destination des agriculteurs, promotion des produits des concurrents menacés, dons divers et variés... Toutes ces actions ont été plébiscitées sur les réseaux sociaux.

1. Paul Ekman, *Emotions Revealed: Recognizing Faces and Feelings to Improve Communication and Emotional Life*, Times Books, 2003.

Repérer le potentiel émotionnel d'une information, c'est la compétence d'un bon *community manager*, capable d'accroître ou de désamorcer la charge émotionnelle d'un tweet ; certains comptes, comme ceux de Bouygues, Netflix ou Decathlon, sont plébiscités pour leurs *punchlines* rieuses décochées à la volée : au tweet d'un *troll* affirmant « Les gays ne sont pas nécessaires dans vos séries » sur le compte de Netflix, le *community manager* de la marque rétorque : « T'es pas nécessaire dans nos abonnés. » Il répond au cancre qui tweete « Je suis actuellement en cours de français et je suis tranquillement en train de mater Netflix » : « Tu vas tranquillement éteindre et écouter le cours, maintenant. » À chaque fois, c'est la marque qui remporte des points dans cette conversation avec ses publics.

L'émotion dans la communication conditionne aussi les réactions du public auquel on s'adresse. Certains publics peuvent se sentir visés par un message qui ne leur est pas forcément destiné, générant parfois des associations heureuses ou des situations de crise.

Point de vue

LE RENVERSEMENT DE SITUATION DE BOUYGUES

En novembre 2020, peu avant la période de Noël, Bouygues a diffusé une publicité familiale sur ton d'humour ; celle-ci a attiré les foudres des ostréiculteurs, les huîtres étant accusées de rendre malades les personnages… Une vitrine de l'opérateur a été vandalisée par des éleveurs d'huîtres, incitant Bouygues à retirer sa publicité. Toutefois, ce qui aurait pu s'avérer simplement un *bad buzz* s'est transformé en une opportunité de communication : l'entreprise a renommé sa boutique *Bhuîtres* et a proposé des huîtres aux habitants de la ville, allant jusqu'à offrir une coque de téléphone aux clients. Les ostréiculteurs ont à leur tour offert une bourriche d'huîtres aux employés de la boutique ; une belle leçon de récupération médiatique, où le potentiel émotionnel a su être canalisé et orienté, permettant, *in fine*, de renforcer le capital sympathie de la marque.

Nous pouvons tirer une autre conclusion de cette grille de lecture quantique appliquée à la communication ; elle intéressera beaucoup ceux qui croient aux vertus de l'événementiel : le quantique vient créditer scientifiquement le pouvoir de la rencontre. Pour un physicien probabiliste comme Philippe Guillemant[2], à chaque fois que l'on pose une intention, l'univers se reconfigure autour de cette vibration énergétique et présente de nouvelles potentialités. Il a réalisé une somme de calculs de probabilités avec des boules de billard : dans le quantique, l'on constate que le regard de l'observateur influence la trajectoire des atomes observés. Il y a donc bien un pouvoir de l'intention. Philippe Guillemant a trouvé une jolie formule pour ce phénomène : il appelle cela *« exciter le vide », ou encore « créer de nouvelles branches à l'arbre des possibles ».*

À chaque fois que j'ai eu l'occasion de rencontrer un professionnel de l'événementiel, j'ai entendu, dans des termes différents, le même credo : « Je fais ce métier car je crois dans le pouvoir de la rencontre ; à chaque fois, elle te permet de comprendre quelque chose, débloquer une situation, offrir une opportunité, créer du nouveau. » Dans cette profession de foi, il y a tout le potentiel d'espérance qu'il y a dans la vie même, ce dont les entrepreneurs et les acteurs de l'événementiel sont convaincus.

LES ÉTOURNEAUX OU LA COMMUNICATION À L'ÈRE QUANTIQUE

Chez Hopscotch, c'est notre président du directoire, Frédéric B. lui-même, connu pour son pragmatisme et son sens commercial, qui se fait pourtant le héraut le plus ardent des théories quantiques à l'agence. Je décide d'aller chercher auprès de lui la raison de son enthousiasme et l'arrête, en pleine course dans le couloir, pour lui poser la question.

2. Philippe Guillemant, *La Route du temps*, Le Temps Présent, 2014.

Interview de **Frédéric B.** *par* **Laurence M.**

– Tu as déjà remarqué les mouvements sinueux et parfaitement synchronisés d'une nuée d'étourneaux ou d'un banc de dauphins ? me fait-il observer. Il est indéniable que les mouvements de ces centaines ou milliers d'individus obéissent à une forme d'harmonie ; pourtant, rien n'indique qu'ils communiquent entre eux.

– Comment l'information se propage-t-elle au sein du groupe, alors ?

– Ce phénomène s'appelle la « murmuration quantique ». (Je regarde l'explication de Wikipédia à la dérobée sur mon mobile : *2 particules dépendent l'une de l'autre, quelle que soit la distance qui les sépare. Toute modification de l'une des 2 particules influe instantanément sur l'autre.*) Cela veut dire qu'il y a des nuages d'idées propagées en même temps dans plusieurs endroits différents, qui génèrent beaucoup d'énergie, des conversations fortes, denses, de nouvelles idées.

Selon Frédéric, cette métaphore peut s'appliquer aux modes qui circulent d'une cour d'école à une autre. On observe depuis toujours que les films, les livres ou les jeux de récréation apparaissent dans tous les pays de façon spontanée, et ce, bien avant l'existence d'Internet. S'agit-il d'une diffusion instantanée en vertu du phénomène d'intrication quantique, ou bien d'échanges d'informations microscopiques qui favorisent l'émergence de phénomènes comme les modes, la fluctuation boursière, l'évolution des opinions, etc. ? Quoi qu'il en soit, Frédéric est convaincu que ce qui est important, pour une marque, c'est d'appartenir à ce nuage énergétique. Et pour ce faire, il est illusoire de penser qu'un ciblage de masse est suffisant.

– Les clients d'Apple, poursuit-il, les fans de foot ou d'art contemporain fonctionnent sur le même modèle. Si on les cible de façon massive, on n'en atteindra sans doute aucun, on se les mettra peut-être même à dos ! Mais nous pouvons créer autour d'eux un réseau diffus d'informations et d'énergie. La physique quantique nous apprend que les particules élémentaires ne répondent pas aux règles des masses. C'est pareil en communication ! Les ménagères de moins de 50 ans sont des hommes ou des femmes, possédant chacun des comportements différents.

Je n'arrive pas à voir où il veut atterrir. A-t-il découvert un théorème quantique qui permettrait de prédire le comportement de toutes ces personnes ? Par ailleurs, ses téléphones ont déjà sonné plusieurs fois, ce qui signifie que mon temps d'attention est bientôt écoulé…

– Donc, tu décris ces communications comme des agressions…

– Ce sont des agressions ! Et pour protéger son capital énergétique, chacun a appris à se prémunir des dégâts de la publicité massive ou du faux *one-to-one*, avec des *adblockers*. Regarde le taux d'ouverture de mails ! Il est tombé historiquement à son niveau le plus bas, 0,19 pour 1 000. Nous, ce qu'on veut, c'est autre chose, un marketing *non déterministe* : aider les marketeurs à comprendre ce qui motive le rassemblement d'un groupe de personnes autour d'une idée, d'une cause ou d'un sport, par exemple. Et puis on ne veut pas mettre nos marques en haut et les gens en bas ; on veut entrer en interaction sur un plan d'égalité, en mettant les marques au service des personnes, se faire admettre par elles ; créer ce qu'on pourrait appeler une *écologie relationnelle*, des relations équilibrées et réciproques entre les marques et leurs publics. *Et une écologie relationnelle est faite d'une multiplicité d'acteurs différents, petits et gros, à qui on donne à chacun sa part de voix et son pouvoir.*

Il essaie de trouver l'image la plus parlante pour illustrer ce qu'il imagine.

– La communication, c'est plutôt comme si on créait autour des personnes ce fameux réseau diffus d'informations qui les influencera de manière indirecte. Tu connais cette histoire ? Un jeune poisson nage dans un lac. Il croise un vieux sage qui lui dit : « L'eau est cool aujourd'hui ! » Le jeune répond : « C'est quoi l'eau ? » Nous nageons tous dans un océan d'informations et de relations sans forcément y penser ou en comprendre la structure…

– En somme, ton quantique, c'est tout le réseau d'informations et de relations dans lequel baignent les personnes…

– Oui, un réseau qui crée de la sérendipité, les hasards heureux de la rencontre ! Une sérendipité indispensable aux relations entre les gens mais aussi à l'art du business, de l'innovation, de la création. Tu sais pourquoi je défends les salons ?

– Parce que c'est ton métier ?

– Parce qu'un salon te donne des connexions inattendues. Imagine les 300 premières pages de Google sur Internet. Qui descend 300 pages de Google ? Personne ! Eh bien, au contraire, dans un salon, tu peux tomber, au détour d'une allée, sur une petite entreprise qui va te proposer quelque chose de formidable !

– Et comment on organise cette serend...

Mais Frédéric, appelé par la vibration d'un portable, passe soudain dans une autre dimension spatio-temporelle et disparaît dans l'escalier.

SUM UP

La communication est avant tout une affaire d'énergie. La première question que l'on doit se poser, c'est « où y a-t-il eu transfert d'énergie, où a-t-on énergisé les gens ? », que ce soit dans un message, une interaction ou lors d'un événement.

La communication fonctionne sur un effet exponentiel et non linéaire. L'effet de propagation ne peut pas s'effectuer uniquement par un ciblage de masse. Il faut aller chercher chaque individu et créer autour de chacun un nuage de conversations et d'échanges. Pour cela, il faut aider les marques à comprendre ce qui motive les rassemblements de gens autour d'une cause ou d'une idée.

La conversation est capitale. Le *top-down* (marque qui communique sans se préoccuper de créer une vraie conversation et un véritable échange) nuit à l'écologie relationnelle. De la même manière, une marque qui ne se soucierait que d'attirer de gros influenceurs ou des influenceurs qui lui ressemblent, sans créer de diversité au sein de son public ni porter attention aux points de vue contradictoires, ne nourrirait pas son écosystème de relations et finirait par subir les effets négatifs de cet assèchement.

Quand on crée de la rencontre, on ouvre des possibilités. Aussi, pensons au potentiel de connexions de toutes les prises de parole que l'on organise. Le Covid-19 a ajouté des possibilités de contact supplémentaires aux événements avec les développements digitaux, tels que les conférences en visio, par exemple. Ceux-ci ont vu leur potentiel d'interaction démultiplié et resteront hybrides. Et demain, ces événements hybrides permettront de créer un réel sentiment de présence avec le développement des technologies de réalité virtuelle et augmentée, qui nous permettront de nous rencontrer dans le métaverse grâce aux hologrammes.

3 LE MARKETING DES COMMUNAUTÉS

AIR DU TEMPS

Par Flora L. : janvier 2020

L'année à venir sera-t-elle pacifiée et verra-t-elle s'éteindre les flammes des conflits qui sévissent aux quatre coins du Globe ? Assistera-t-on à un compromis sur la réforme des retraites en France, comme souhaité par Emmanuel Macron à l'occasion de ses vœux aux Français, alors que les grèves se poursuivent et perturbent le calendrier des examens universitaires ? Pas si sûr...

Le monde prend de bonnes résolutions à l'aube de la nouvelle année. Les grands acteurs de la technologie, toujours critiqués pour leur impact environnemental, s'engagent, comme Microsoft qui souhaite éliminer d'ici 2050 tout le CO2 émis depuis sa création. L'Allemagne acte la fermeture de ses 120 centrales à charbon pour 2038.

Pour la première fois, une femme, Francesca Di Giovanni, est nommée à un poste diplomatique important au Vatican, et un ministre japonais décide de prendre un congé paternité. Étonnant. Pour autant, à ces initiatives s'opposent des sursauts conservateurs. Des conférences masculinistes voient le jour en Floride, durant lesquelles des hommes entreprennent d'expliquer aux femmes comment « booster » leur féminité. Donald Trump participe à la marche annuelle contre l'avortement. En France, des campagnes de pub anti-IVG et anti-PMA font scandale.

Cependant, l'humanité est à la veille d'une crise bien plus grave. Un « inquiétant virus », hautement contagieux et d'origine animale, fait son apparition en Chine, menaçant de se propager à une vitesse folle. Les autorités chinoises sont accusées de sous-estimer le nombre de personnes contaminées, et le bilan des décès s'élève pour le moment à quelques dizaines d'individus. Les masques chirurgicaux sont rapidement en rupture de stock à Paris, et l'on déplore 6 personnes contaminées sur le territoire français en janvier.

L'espace médiatique n'est toutefois pas encore saturé d'informations sur le mystérieux virus. Le monde observe le lancement de 60 satellites dans l'espace par SpaceX, suit le feuilleton de la traque judiciaire de Carlos Ghosn, ancien patron de l'alliance Renault-Nissan-Mitsubishi Motors, après sa fuite du Japon, et s'étonne de voir le prince Harry et Meghan Markle prendre leurs distances avec la famille royale britannique. Pas de répit non plus pour les conflits internationaux. Les relations entre les États-Unis et l'Iran se tendent après que Donald Trump a ordonné la mort du général iranien Soleimani en Irak.

Enfin, si une étude menée à Singapour atteste que l'exposition prolongée aux écrans affaiblit la mobilité des plus jeunes, les réseaux sociaux semblent nous rendre de grands services en ce début de décennie. Une adolescente américaine kidnappée est retrouvée saine et sauve grâce à la géolocalisation sur Snapchat. Un exemple qui interpelle et qui confirme la puissance de nos liens au sein des communautés digitales.

LE MARKETING DES COMMUNAUTÉS EN POLITIQUE

Le marketing des communautés à l'américaine

Après avoir croisé Frédéric B., je relate à Somalia B. et à Eva H.V. ma conversation d'escalier sur les étourneaux et la murmuration quantique.

– Je ne m'attendais pas non plus à entendre parler de quantique au sein d'une agence de com', remarque Somalia. En revanche, concernant la finalité du message, le fait de s'adresser différemment à des fans d'Apple, de foot ou d'art contemporain est très convergent avec le marketing des communautés, tel que je l'ai vu pratiqué aux États-Unis, dans l'environnement de Barack Obama. Je ne pensais pas le retrouver en France tant on est chatouilleux sur le terme « communauté » : péjoratif pour les uns, trop sensible pour les autres, il a été assimilé au communautarisme. Pourtant, c'est une façon de faire révolutionnaire et extrêmement puissante, tu sais...

Interview de **Somalia B.** *par* **Laurence M.**

– Ah bon ? Tu peux me raconter un peu ce que tu as vu là-bas ?

– Déjà, l'idée de communauté est très différente en France et aux États-Unis. La conception de la communauté américaine véhicule des appréciations qui diffèrent du modèle français ; là-bas, on considère que les communautés illustrent l'histoire politique du pays et sa manière d'organiser ses populations. On retrouve ainsi, dans la société américaine, des communautés de mobilisation qui jouent un rôle de solidarité entre leurs membres, mais aussi de relais auprès de l'opinion publique, des pouvoirs locaux et fédéraux. Dans cette acception, on comprend rapidement que la communauté est un concept qui donne un nouveau rôle aux individus qui la composent. Ils ne sont plus les destinataires passifs d'un message construit *ad hoc*, mais des acteurs de leurs préférences et de leurs pratiques pour affirmer leur appartenance de manière positive sur les réseaux sociaux.

Point de vue

COMMENT LES CAMPAGNES DE BARACK OBAMA NOUS ONT APPRIS L'EXISTENCE DES COMMUNAUTÉS

Par Somalia B.

La campagne de Barack Obama en 2008 a mis en lumière un déploiement novateur de stratégies de marketing et de communication au service d'un projet politique. L'enthousiasme populaire autour de Barack Obama résulte sans doute d'une stratégie d'investissement au service des communautés engagées, qui sont devenues des porte-voix de la campagne. Spectateurs outre-Atlantique, nous observions la présence très active des bénévoles démocrates sur les réseaux sociaux. La disruption de la stratégie de campagne Obama réside dans le fait de construire et animer un écosystème relationnel autour de son projet. La stratégie des équipes démocrates a été de faire prévaloir un principe *bottom-up* (du terrain vers l'institution décisionnaire), au moyen d'une consultation nationale et de l'adhésion des leaders de communautés d'intérêts convergents. Véritable cas d'école politique, cette campagne et la suivante ont donné au monde entier une approche de la politique bien plus participative.

Les techniques de campagne adoptées ont permis un engagement décuplé chez les bénévoles politiques américains. Outre la communication charismatique autour du candidat Obama, de nombreuses antennes locales du parti ont vu le jour dans les territoires les plus reculés des États-Unis, car l'un des axes forts de la stratégie de campagne était de créer un maillage territorial et de l'amplifier par une communication et un recrutement *via* les réseaux sociaux.

Les militants et les bénévoles de la campagne de Barack Obama de 2012 pouvaient soutenir le groupe communautaire de leur choix et mobiliser tous les leaders communautaires. Ainsi trouvait-on des pancartes « African-American for Obama », « LGBT for Obama », etc. Une cohabitation affichée d'intérêts particuliers mais convergents sous la candidature démocrate de Barack Obama, associée à un déploiement opérationnel efficace avec la plateforme relationnelle NationBuilder[1]. Regardons ce qu'en dit Alessandro Baricco dans *The Game*[2] : « En peu de temps, il [Barack Obama] a créé une chose qui n'était ni un parti, ni une campagne, ni une organisation. C'était une immense communauté de gens qui partageaient un rêve, qu'Obama devienne président, et ils avaient désormais des outils très simples pour se trouver, se reconnaître, échanger des informations et s'entraider [...]. Il n'y avait pas moins de 20000 groupes; on choisissait celui qu'on voulait (les danseurs de gogo, les mères célibataires) et on entrait dans une petite communauté de gens pareils à soi[3]. »

Somalia m'explique que la communauté est un concept qui donne le pouvoir aux individus qui la composent : ils ne sont plus les destinataires passifs d'un message construit *ad hoc*, comme dans la communication de masse dénoncée par Frédéric B., mais des acteurs de leurs préférences et des promoteurs de leurs pratiques. Les membres d'une communauté affirment leur appartenance de manière positive, notamment au travers d'outils digitaux comme les réseaux sociaux, qui donnent de la transparence à leurs relations et à leurs goûts.

– Nous nous abonnons à des comptes, nous suivons l'actualité d'un secteur, nous pratiquons un ou plusieurs sports, nous regardons des séries ou achetons des marques plus que d'autres. À chaque fois, nous entrons et sortons de communautés plus ou moins structurées. Tu vois, conclut-elle, la communication, ça devient peut-être l'activité qui consiste à *prendre soin des relations entre les membres d'une ou plusieurs communauté(s).*

1. Voir le chapitre « La relation à l'ère du digital et de l'intelligence artificielle ».
2. Alessandro Baricco, *The Game*, Gallimard, 2019, p. 227.
3. *Ibid.*

– Ça, certainement ! Et, de tout temps, la communication consiste à *faire lien.* Mais la marque, elle a sa place là-dedans ? Les communautés ont besoin d'elle ? Elle n'est pas le chien dans un jeu de quilles ? C'est quoi l'intégration harmonieuse des marques dans les communautés ?

Le *community organizing* à la française

Somalia continue de m'instruire.

– Si la question des communautés n'a pas été plus approfondie en France, cela tient sans doute au fait que la logique communautaire fait l'objet d'une défiance en s'opposant au modèle de l'égalité à la française ; ainsi, il n'existe pas de données exploitables sur les communautés. Cependant, les enseignements de ce marketing d'un genre nouveau ont permis à des start-up spécialisées dans les technologies d'optimisation des campagnes électorales, comme Liegey Muller Pons, d'affiner une modélisation de l'environnement électoral français et de produire les premiers outils de cartographie en 2012 puis en 2017.

– On a en effet beaucoup parlé de cette start-up et de ses méthodes novatrices, ainsi que de ses différentes levées de fonds auxquelles ont participé nos *moguls* de la tech, Xavier Niel en tête...

– Exactement ! La stratégie de campagne de terrain du candidat Emmanuel Macron reproduit les techniques d'organisation et de mobilisation démocrates, adaptant, bien entendu, la stratégie aux réalités culturelles françaises. Par exemple – fait rare dans notre tradition politique –, des primo-militants politiques viennent s'engager dans la campagne d'En Marche, organisent des réunions dans leur quartier ou à leur domicile pour discuter du programme du candidat Macron et inciter au recrutement d'autres votants. Encouragés et équipés, ils se déploient avec enthousiasme dans de nombreuses régions en France. Le message politique est ainsi porté par des visages familiers, nourris par des argumentaires construits.

La logique participative de cette démarche a donné l'occasion à de nombreuses personnes de prendre part à un événement très convoité de notre vie politique. Enfin, celles-ci ont pu s'inscrire dans la genèse d'un projet ouvert à toutes et à tous. Cette ouverture, à laquelle peu de partis s'étaient préparés, a considérablement bouleversé le cours de notre histoire politique.

L'ENTREPRISE ET LE MARKETING DES COMMUNAUTÉS

Une question de vocabulaire…

Depuis quelques années, la notion de communauté revient dans notre vocabulaire par les métiers de la communication digitale, et notamment par les *community managers*. Ces nouvelles adaptations de la communication ont acté le retour d'une notion taboue ou réservée à un emploi circonscrit (communauté politique, religieuse, urbaine, internationale, etc.).

Les outils digitaux nous ont rappelé que les communautés, même sans être nommées, ont continué d'exister, de naître et de disparaître. Aujourd'hui, par exemple, des entreprises revendiquent les expressions « business communautaire » ou « médias communautaires », sans que le terme « communautaire » revête une connotation religieuse. Ainsi, Guillaume Lacroix, le fondateur de *Brut*, média porte-voix de la génération Z et des *millennials* en Europe, aux États-Unis et en Asie, dont l'audience[4] dépasse celle de la BBC, revendique-t-il l'appellation « média de communautés ». *Brut* entretient avec ces dernières une relation de confiance. Cette activité de connexion permet à *Brut* de revendiquer un rôle d'accélérateur d'impact : « On veut créer, en partenariat avec les réseaux sociaux, un écosystème où les gens ont confiance dans

4. En 2020, 300 millions de spectateurs regardent au moins une vidéo de *Brut* chaque mois dans le monde selon *Influencia*, 15 décembre 2020.

les faits et l'information qui leur sont présentés, peuvent trouver des éléments pour construire un monde meilleur, se divertir et aller plus loin, se connecter à des gens qui ont les mêmes centres d'intérêt [...]. En 1 an, on a déjà généré 1,5 million € de revenus en mettant en contact de jeunes start-up écoresponsables avec nos communautés[5]. »

– Tu vois, conclut Somalia, l'entreprise devient alors l'animateur de ses communautés.

– Pourquoi pas, bon, ça revient à faire du marketing ciblé. On connaît.

Somalia me regarde, amusée, en tortillant ses boucles brunes. De toute évidence, je ne comprends rien. Et là, elle me sort une théorie qui me fait l'effet d'une bombe. Cette bombe porte un nom : le « meta-business ».

Le meta-business : quand les entreprises démultiplient leur business avec leurs communautés

Le meta-business, dans son acception simple, c'est le business qu'une entreprise ou une organisation peut faire, littéralement, « à côté de son business principal ». Pour que je comprenne bien, Somalia me renvoie aux phénomènes des « marques plateformes », ces sites de vente en ligne ou de réservation d'hébergement qui agrègent les offres et deviennent des interfaces de mise en contact : Amazon, Airbnb, Booking.com, mais aussi La Redoute, Fnac ou Darty. Ces marques surpuissantes sont entrées chez nous par l'affect et sont devenues des espionnes collectionneuses de *data*. Leur mission est de surgir comme par magie pour nous apporter l'information ou le produit dont nous avons besoin, au moment où on le cherche sur le Net. Nous avons tous expérimenté le *tracking* agressif nous proposant, de façon récurrente, des centaines de fois, la paire de chaussures sur laquelle on a cliqué en ligne pour nous inciter à finaliser l'achat...

Pour ces marques plateformes, nous ne sommes pas des consommateurs : nous sommes des communautés. Communautés affinitaires ou

5. Guillaume Lacroix *in Influencia*, 15 décembre 2020.

fonctionnelles (B to B, étudiants, partenaires, pouvoirs publics, associations). Et plus elles identifient finement leurs communautés, plus elles entrent en relation avec elles, plus elles définissent leurs besoins, plus elles sont en mesure de nous proposer l'offre qui correspond à ce besoin.

Pour ces marques, l'idée de « périmètre produit » ou « périmètre métier » est complètement désuète. Ce qui compte, c'est le monétisable, sur la base de ce qu'elles savent faire le mieux : créer, nourrir et enrichir la relation avec ces communautés. Il est donc fondamental de bien les connaître, et c'est pourquoi une partie de leur *business model* consiste à savoir analyser les données qu'elles récoltent sur leurs communautés, dans le but de monétiser les *data*.

Ces marques proposent des modèles économiques innovants : elles partent de l'idée que les savoir-faire qu'elles ont développés pour elles-mêmes peuvent devenir des centres de ressources, à partir du moment où elles ont identifié la ou les communautés auxquelles elles pourraient les revendre. Cette identification passe par une cartographie précise de toutes leurs compétences monétisables ainsi que de leurs publics et partenaires : si, au sein de mon entreprise, j'ai un service d'*information technologies* ou d'*intelligence market*, ce service sera considéré comme un centre de coûts dans mon bilan ; mais si j'en fais une *business unit* avec un compte dédié et des objectifs de profitabilité, je pourrai revendre ce service à l'interne mais aussi à d'autres entreprises. Ainsi ce centre de coûts devient-il un centre de profits et change de place sur le bilan de mon entreprise.

Le meilleur exemple de meta-business est incarné par Amazon : l'entreprise commercialise non seulement son service de distribution digitale *via* sa *market place*, mais aussi *via* ses serveurs, l'espace de son site, son marketing digital, pour aider ceux qui passent par sa plateforme à se faire connaître, son service de livraison...

Point de vue

LES ACTIFS IMMATÉRIELS SONT EN TRAIN DE DEVENIR LA PRINCIPALE VALEUR DE L'ENTREPRISE

Par Benoît D.

Les actifs immatériels, en particulier les relations de l'entreprise avec l'ensemble de ses parties prenantes, sont sources de valeur. Les exemples les plus frappants viennent de la nouvelle économie : Uber ne possède aucune voiture, Airbnb, aucun bien foncier, et pourtant, ces entreprises sont valorisées en milliards de dollars. Les indicateurs historiques de performance d'une entreprise deviennent insuffisants et ne disent plus grand-chose de son avenir.

Aussi, l'information extra-financière prend de plus en plus d'importance : on ne juge désormais plus une entreprise uniquement sur ses résultats et son patrimoine, mais sur la qualité de son portefeuille client, sur la solidité de ses partenariats avec ses fournisseurs et distributeurs, sur sa culture interne, sa capacité à mettre en œuvre les transitions sociétales en cohérence avec les objectifs de développement durable (ODD), etc. Certains banquiers vont jusqu'à affirmer que 20 % seulement, en moyenne, de la valorisation d'une entreprise correspond à ses actifs financiers. Et l'on constate aujourd'hui une émergence d'indicateurs d'analyse de performance des organisations fondés sur des critères extra-financiers.

C'est l'une des grandes questions actuelles : comment quantifier l'immatériel ? Elle fait l'objet de nombreux travaux. Hélène Le Téno, directrice de la Fondation Jean-Noël Thorel, vante la comptabilité 3K, qui doit permettre d'analyser le capital financier, le capital naturel et… le capital social. Belle idée, même si changer les normes comptables mondiales prendra du temps.

Dans l'intervalle, on peut s'inspirer du remarquable travail de réflexion initié dès 2007 par l'Observatoire de l'Immatériel. Le travail de l'Observatoire se poursuit aujourd'hui dans une collaboration avec Atemis-Lir et le ministère des Finances, sur la plateforme *cap-immateriel.fr*, un outil pédagogique qui permet aux PME et PMI de prendre conscience et d'analyser leurs actifs immatériels.

Ce concept de meta-business résonne comme une révolution. Jusqu'à présent, la communication était considérée comme un à-côté du business, son bras armé, en quelque sorte. En intégrant du marketing communautaire, elle est en train de faire son entrée de plain-pied dans le business, car une approche communautaire permet d'identifier de nouveaux besoins à adresser pour l'entreprise, mais aussi de nouveaux bassins de clients potentiels pour elle. Cette approche, créatrice de valeur, fait aussi sens pour de nombreuses institutions appelées à transformer leurs centres de coûts en centres de ressources, et à engager une démarche de valorisation de leurs actifs.

Est-ce cette approche de meta-business que Frédéric B. a en tête quand il parle de ses nuées d'étourneaux ? Somalia propose d'aller l'interroger.

LA STRATÉGIE DU NÉNUPHAR : PRENDRE CONSCIENCE DE SON ÉCOLOGIE RELATIONNELLE

La communication n'est pas une guerre

Je rencontre ce matin Frédéric B. Il porte comme à son habitude un polo siglé Hopscotch et une veste beige, style mao. Très sobre, direct, il a sa propre conception de la *lovebrand*.

– Pourquoi tu fais de la pub pour une marque qui ne te paie pas ? me dit-il d'entrée de jeu, en regardant mes chaussures siglées.

Interview de
Frédéric B.
par
Somalia B.

Nous nous installons dans la grande salle Montmartre, au sixième étage de notre immeuble au cœur de Paris.

– Jamais je n'ai arrêté de réfléchir à l'utilité et au sens de mon métier, commence-t-il. J'ai eu un déclic quand il y a eu la mise en place des lois RGPD[6] où, pour la première fois, les marques devaient demander aux utilisateurs leur consentement pour exploiter leurs données personnelles. Cette bannière sur laquelle nous cliquons de manière plus ou moins lucide a d'abord généré un taux de « non » de manière spectaculaire. Plus de 90 % des personnes ne souhaitaient pas qu'une marque utilise leurs données.

Pour Frédéric, il apparaît clairement que les marques devraient pouvoir être contrôlées et régulées. Et pour cause, elles ont passé les dernières décennies à cibler les consommateurs. Drôle de posture que de cibler quelqu'un en vue de le pousser à l'achat. Cette insouciance agressive l'insupporte.

– Comment peut-on encore parler de *cibles* à l'heure où il est clair que les marques ne sont pas essentielles ? Le rapport de force s'est inversé et les marques sont en demande d'attention de la part des communautés.

– Tu dis aussi que l'approche *mass media*, c'est prendre un canon pour écraser une mouche…

– Oui, alors que l'approche communautaire est finalement assez instinctive ; elle donne l'occasion de voir des communautés qui germent et muent inlassablement, comme une plantation de nénuphars… Ses larges feuilles confèrent de l'ombre dans les eaux ensoleillées et créent un passage sain pour les grenouilles en repos. Chacune de ses feuilles se compose de ramifications. Belle illustration pour des communautés

6. Le RGPD, Règlement général sur la protection des données, encadre, depuis mai 2018, le traitement des données personnelles dans toute l'Union européenne. Il a pour but principal de « donner aux citoyens davantage de contrôle sur leurs données privées, notamment *via* l'acceptation des cookies sur les sites Internet et sur le contrôle de l'utilisation qui est faite des données que les internautes envoient dans les formulaires de contact ». Source : www.cnil.fr

qui s'organisent autour d'une entreprise et de ses services ! La marque ou l'entreprise va nouer des relations variées avec de nombreuses communautés interdépendantes : alliance, cocréation, soutien, informations, reconnaissance, business...

– Tu sais, reprends-je, que certaines méthodes de développement des organisations vont jusqu'à qualifier les liens relationnels que l'on veut créer avec ces communautés ? Ça mériterait d'être expliqué.

– Nous aussi ! Nous concevons alors les enjeux de communication comme des enjeux de rupture, d'affaiblissement ou de consolidation des liens avec les publics d'une entreprise. En interne comme en externe, cette qualification nous permet d'établir une classification plus en profondeur des objectifs de l'entreprise, qui souhaite engager une communication avec ses publics. Se donner comme but de résoudre des enjeux relationnels avec ses publics appelle l'entreprise à se mettre à l'écoute de ses parties prenantes et à *coconstruire* les solutions avec elles. C'est donc une temporalité différente qui s'installe et, parallèlement, une logique d'intelligence collective qui prend le pas sur l'approche parfois trop descendante du conseil. L'agence et l'entreprise deviennent alors apprenantes de leurs communautés.

– C'est quoi alors, pour toi, une marque qui arrive à pénétrer de manière harmonieuse une communauté ?

Comment augmenter la force de la relation avec nos publics ?

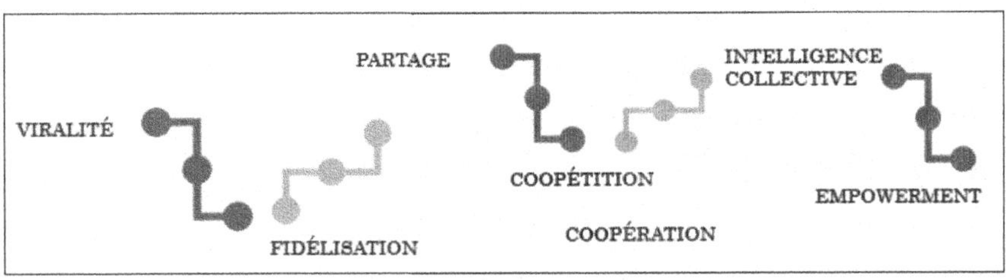

Les différentes manières, pour une marque, d'envisager la relation avec ses communautés. Source : Groupe Hopscotch.

– Il y a plein de manières de créer une bonne relation avec les communautés. Ici, chez Hopscotch, on en a recensé au moins 7, dont l'intelligence collective dont tu parles, Somalia. Toutes partent d'une posture d'écoute et de la volonté d'apporter quelque chose, et non de délivrer un message. Délivrer un message, c'est la conséquence. Il faut se mettre au service de ses publics : c'est le défi des entreprises et des marques aujourd'hui. Regarde ce qu'on a fait avec « Hopscotch Event » et le « We Love Cycling » pour Škoda ! C'est le bon exemple.

– C'est quoi ? Tu peux m'expliquer ?

– En 2017, la marque Škoda cherchait à se rapprocher de ses publics en France. Mais comment faire ? L'agence et Škoda se sont rendu compte que les aficionados du cyclisme choisissaient souvent une Škoda pour transporter leur vélo, grâce à l'espace offert par la voiture. Les amateurs de vélo étaient donc surreprésentés parmi les acheteurs. À côté de sponsorings plus classiques, comme l'investissement de la marque sur le Tour de France, « Hopscotch Event » a monté pour la marque les clubs « We Love Cycling », avec comme axe d'activation la communauté du vélo. Dans le cadre de ce programme, 13 clubs (1 par région) ont été créés sur un principe simple : des amateurs se retrouvent pour rouler et défier les autres régions. Les meilleurs d'entre eux intègrent les Teams Škoda coachées par des champions. Ce programme a permis d'ouvrir le dialogue avec la communauté des cyclistes, de renforcer la notoriété de Škoda et de l'associer à des valeurs sportives de partage et de challenge. Il doit y avoir 60 000 membres aujourd'hui. Ça a pu fonctionner parce qu'on est entrés dans une logique d'aide aux communautés cyclistes, donc on leur a rendu service. Bon, s'impatiente Frédéric B., que l'on ne garde jamais longtemps en place. Tu as tout ce qu'il te faut ? J'y vais. Demande des blousons ou des chemises Hopscotch si tu veux, pour remplacer tes marques. On doit en avoir plein dans le stock.

– J'y penserai, merci Frédéric.

Le point de bascule existe-t-il ?

Cet entretien agite la communauté des collaborateurs ALL WRITE de multiples interrogations : si la clé de la communication réside dans la relation entre les marques et les communautés, à quel moment parvient-on à persuader suffisamment de communautés pour faire en sorte que le grand public s'empare d'une mode ou d'une idée pour obtenir un effet massif ? Comment déclencher la fameuse « épidémie sociale » qui va donner de l'envergure à la proposition d'une marque ou d'une organisation ?

Depuis les années 1970, on s'est penché sur l'idée du fameux point de bascule[7] : qu'est-ce qui fait qu'une idée, une marque, un comportement, une mode... prend de l'ampleur et devient une référence ? Selon Malcolm Gladwell, auteur de l'ouvrage culte *Le Point de bascule* qui a popularisé l'expression, il faut commencer par dénicher certains types d'influenceurs, les « oiseaux rares » ; par leur énergie, leur réseau social, leur capacité à convaincre et leur esprit de recherche, ils ont la capacité de placer la marque sous le feu des projecteurs. Gladwell met en exergue trois types d'influenceurs à considérer dans une optique de communication et de vente : les vendeurs, les connecteurs et les *Maven*. Si nous connaissons bien les vendeurs, il est intéressant de s'arrêter sur les deux autres types :

- Le *connecteur* est un pollinisateur. Sa pente naturelle est de trouver les connexions qui réunissent les gens afin de les mettre en relation. Le génie du connecteur réside dans sa capacité à détecter les mises en relation riches, agréables et fructueuses ; c'est la spécificité d'un bon consultant en relations publiques. Pour densifier le réseau relationnel des personnes comme des entreprises ou des marques, nombre d'événements Hopscotch intègrent désormais des espaces et/ou des applications de réseautage permettant de voir qui est présent, qui passe à proximité de vous, et proposent des mises en relation indexées sur vos objectifs, vos centres d'intérêt.

7. Malcolm Gladwell, *Le Point de bascule : comment faire une grande différence avec de très petites choses*, Flammarion, 2016.

D'autres applications comme Shapr se construisent sur l'idée que le *networking* peut devenir quelque chose de plaisant. « Plus une personne se rapproche d'un connecteur, plus elle devient puissante, riche ou chanceuse[8] », affirme Gladwell.

- Les *Maven*, eux, sont des experts de leur sujet: ils rassemblent des informations, établissent des comparaisons, font des tests et des expériences. Leur différence avec les experts officiels sur un sujet tient à leur proximité avec leurs publics. Le *Maven* représente son public, il se pose les mêmes questions que lui ; sans prétendre à aucun titre d'expertise, il se met à votre place et étudie le marché, l'entreprise et l'organisation comme si c'était vous qui le faisiez. Ces personnes existent aussi dans le domaine *corporate*. De plus en plus d'influenceurs vont « tester » une entreprise, ses prises de position, sa vision, ses offres, etc. d'après ce qu'ils en voient, et vont faire la comparaison entre le discours émis et le discours perçu de celle-ci. Ce sont, en quelque sorte, nos tiers de confiance auprès des entreprises.

Point de vue

POURQUOI CULTIVER UN RÉSEAU RELATIONNEL RICHE ?

Savez-vous que les opportunités sont générées majoritairement par des contacts de lien faible[9] et non par des contacts personnels forts ? Le sociologue Mark Granovetter, sur les travaux duquel se repose Gladwell, a développé toute une théorie sur la force des liens faibles : selon lui, la force des liens se caractérise par la combinaison du temps passé ensemble, de l'intensité émotionnelle, de l'intimité et de la réciprocité du lien. Et Mark Granovetter de faire ce constat étonnant : la majorité des gens trouve leur emploi grâce à leurs contacts (56 %), mais moins de 17 % d'entre eux le trouvent grâce à quelqu'un qu'ils voient souvent, et 84 % par quelqu'un qu'ils voient rarement ou à l'occasion !

8. *Ibid.*

9. On appelle des « contacts de lien faible », en suivant la terminologie de Mark Granovetter, des relations superficielles.

LE MARKETING DES COMMUNAUTÉS EN CHINE

Lors des réunions du vendredi soir avec l'équipe ALL WRITE, quelqu'un propose d'ouvrir la réflexion sur une perspective internationale : pour connaître le futur de ce nouveau marketing des communautés, ce serait bien d'aller faire un tour là où il est le plus développé, en Asie. Somalia saisit la balle au bond. « Bonne idée, allez hop ! Justement, Augustin M. doit venir ici pour la fin de l'année, on va essayer de l'interviewer. »

Comme tous les collaborateurs de Sopexa, Augustin M., le directeur de la zone Chine et Hong Kong, a l'ADN international chevillé au corps. Domicilié en Chine depuis 10 ans, il était auparavant au Pérou. Habitué des situations complexes et très évolutives, il constitue une excellente source de renseignements sur la digitalisation exponentielle du continent asiatique. Somalia profite de son retour en France, pour les fêtes de fin d'année, pour aller l'interroger sur le marketing des communautés : est-il vrai que l'Asie est très en avance sur ce type de marketing ?

Interview de
Augustin M.
par
Somalia B.

– Certainement, déclare-t-il, le *guanxi* (le réseau) est devenu le fondement de la communauté, en Chine. C'est un lieu d'échanges, de partages et de connaissances, et ça facilite les rencontres. Il faut t'imaginer que les réseaux sociaux sont très fermés. Les *Key Opinion Consumers* (KOC) sont des consommateurs lambda qui partagent leurs avis sur des produits ; à ne pas confondre avec nos *Key Opinion Leaders* (KOL). Les KOC n'ont qu'une petite centaine d'abonnés sur les réseaux, ont chacun leur public et fixent les règles de leur communauté. Les réseaux sociaux facilitent la constitution des communautés. Dans WeChat, les fonctionnalités de groupe permettent de se constituer en communauté d'intérêts de plus de 500 personnes, sous la modération du KOC qui anime et génère du contenu. La conversion est rapide et quasi garantie. Contrairement à ce qui se passe en Occident, on est plutôt « mono-communauté », c'est pourquoi le pouvoir des KOC est si important.

– Cela a l'air très efficace pour le business, mais… il n'y a pas d'abus de pouvoir avec des KOC aussi puissants ? Des dérives ?

– La limite, c'est leur éthique personnelle. Ils peuvent promouvoir de mauvais produits.

– Ici aussi ! Regarde le nombre d'influenceuses prêtes à te proposer des cosmétiques parfois corrosifs pour la peau parce qu'elles ont été rémunérées pour… L'ARPP[10] ne chasse pas sur les terres d'Instagram.

– Sinon, la Chine n'est pas un pays individualiste, alors l'État prévaut et surtout maîtrise tout. Une impulsion étatique a donné naissance à Tencent, Baidu, Alibaba. L'impulsion économique est toujours gérée par le gouvernement.

– Et on ne craint pas de voir ces super-entreprises s'approprier les données récoltées par ces KOC ? En faire une utilisation non maîtrisée ?

– S'agissant des BATX, la *data* est la propriété du gouvernement. Elle ne peut pas être exportée. En tout cas, les KOC associés aux *livestreams*[11], ça fait un malheur commercial là-bas. Un bon exemple serait celui du lancement d'un robot multifonction Magimix sur le marché chinois qui, *via* une campagne de communication à 360°, a su générer plus de 60 millions d'impressions et une forte présence médiatique. Mais imagine plutôt pour le 11.11, le Black Friday à la sauce chinoise créé par Alibaba…

– Le 11.11 ?

– C'est le plus grand événement de shopping en ligne du monde, loin devant le Black Friday d'Amazon ; il y a plus de 500 000 commandes par seconde, et le premier milliard de dollars de commande est atteint

10. Autorité de régulation professionnelle de la publicité (association loi de 1901) : il s'agit d'une association privée d'autorégulation de la publicité.

11. Diffusion d'une vidéo en temps réel. Tous les réseaux sociaux ont intégré ce type de services, qui servent aux influenceurs à vendre en temps réel, avec une puissance de frappe inédite, dans la mesure où ces derniers peuvent répondre en temps réel aux questions des futurs acheteurs et opérer la fonction de tiers de confiance précédemment évoquée.

au bout d'une heure… Eh bien, ce sont les KOL et les KOC qui sont aux commandes des *livestreams* : des dizaines de stars internationales, comme Taylor Swift, et plus de 3 000 influenceurs attirant leurs communautés sur les *livestreams* dédiés et faisant la vente… C'est tout bonnement spectaculaire. Et tout se vend : la voiture, le luxe, tout. Donc oui, si tu me demandes si le marketing des communautés peut faire du volume et si c'est l'avenir, je te le confirme.

Il est indéniable que les marques peuvent constituer autour d'elles des communautés puissantes. Hugo M., l'un des membres de la communauté ALL WRITE, évoque à ce titre l'affaire GameStop, en janvier 2021. Les faits : en spéculant sur la baisse des titres du distributeur de jeux vidéo GameStop, marque en berne depuis plusieurs années, les fonds d'investissement se sont retrouvés face à un adversaire inédit, les communautés de *gamers*. Mobilisés grâce aux plateformes Reddit et Discord, les *gamers* se sont mis en tête d'acheter l'action GameStop pour faire monter le titre à la hausse. En 2 semaines, l'action s'est envolée à plus de 1 000 % et son cours a été multiplié par 15, causant des pertes sérieuses de plusieurs milliards de dollars à des fonds d'investissement qui avaient vendu à découvert et pensaient racheter à la baisse. Cependant, si on suit la logique d'Augustin M., l'avenir est plutôt aux communautés de KOC et d'influenceurs, rassemblées par les marques ou pour leur profit : les mobilisations sont attisées par le charisme de l'influenceur. Si on regarde avec plus d'attention l'affaire GameStop, on comprend que ce n'est pas la marque qui a donné le coup d'envoi de cet extraordinaire hold-up digne d'un Robin des Bois digital, mais l'hyperstar américaine de l'économie Elon Musk. Cette marque rappelait à ce dernier son enfance : il a amorcé le mouvement en prenant la parole et en achetant lui-même un grand nombre d'actions.

Existe-t-il des marques assez fortes pour fédérer elles-mêmes de puissantes communautés autour d'elles ? Même les communautés d'Apple, la *lovebrand* par excellence, sont volatiles ; et même les marques qui se sont créées autour de communautés qu'elles ont fédérées, comme Aroma-Zone, le leader international de la cosmétique maison, voient leurs influenceuses les quitter au bout d'un moment.

Au final, nous donnons raison à Frédéric B. lorsqu'il milite pour que les marques ne se reposent pas sur une créativité de principe pour nouer un lien de sympathie avec leurs utilisateurs, mais adoptent une posture de service à des communautés d'intérêt constituées temporairement autour d'elles, mais durablement autour d'autres motivations.

SUM UP

La fin des cibles marque le début du marketing des communautés. Le marketing en Chine et aux États-Unis est en train de bouleverser notre approche française ; à l'heure où nous écrivons ces lignes, les Français adoptent chaque jour un peu plus ces nouvelles pratiques. Nous parlons de mettre les marques au service des communautés, mais est-ce bien suffisant ? Le modèle de consommation et d'interaction chinois favorise la recommandation entre pairs plutôt que la dynamique publicitaire verticale et désincarnée. Les produits sont évalués, recommandés par des *Maven* et propagés dans les communautés par des connecteurs.

Dans ce marketing des communautés, la place des marques est à définir soigneusement. Elles ont en moyenne 3 leviers à activer : une stratégie produit agile (pouvoir faire évoluer un produit en fonction des retours des utilisateurs), une image de marque prestigieuse et/ou qualitative, et une capacité à nourrir des relations authentiques avec des consommateurs tout autant qu'avec des influenceurs sincères.

La bonne façon de s'intégrer, c'est de rester à l'écoute des valeurs qui animent ces communautés et de respecter leurs codes de communication ; de maintenir un canal de communication direct avec sa clientèle afin de rester en réflexivité dans sa pratique commerciale : collecter des *feedbacks*, optimiser ses offres, ses services et ses produits ; enfin, d'adopter une posture de service afin d'être utile à ces communautés.

Ces communautés sont volatiles. Le *community management* joue un rôle prépondérant en tant que capacité à créer des relations qualitatives avec les consommateurs, même sur des sujets *a priori* austères ou peu adaptés à la communication.

Le pouvoir des communautés va s'accentuer avec l'essor annoncé du *livestream*, dont la dimension instantanée génère un flux de conversations, de réactions et de conversions en actes d'achat.

4 LES RELATIONS AVEC DES PUBLICS PARTICULIERS

AIR DU TEMPS

Par Flora L. : février-mars 2020

Les chiffres de contamination au nouveau coronavirus, baptisé Covid-19 par l'OMS, s'emballent. Rapidement, un premier décès est détecté en dehors de la Chine et l'épidémie touche un nombre exponentiel de pays. Le bilan du Covid-19 dépasse alors celui de l'épidémie du SRAS de 2002, référence encore récente d'épidémie mondiale. État d'urgence sanitaire déclaré, frontières fermées, tout s'accélère. Souvent comparé au virus de la grippe, notamment par le fantasque Donald Trump, le Covid-19 est pourtant bien plus contagieux que la grippe saisonnière qui nous fait frissonner chaque hiver. La Chine, efficace, confine sa population et prend des mesures drastiques. Lorsque l'Italie réalise qu'elle est le foyer le plus important de contamination en Europe, elle lui emboîte le pas, suivie par plusieurs de ses voisins européens.

Le niveau d'alerte maximale est décrété par l'OMS. Face à une pandémie devenue incontrôlable, la France décide de fermer les lieux publics « non essentiels » comme les bars, restaurants, cafés, cinémas, discothèques. Ce terme sera promis à une longue carrière... Enfin, le couperet tombe le 16 mars : la France se confine. Plus question de se déplacer, si cela n'est pas nécessaire, pour faire ses courses ou se soigner au risque de payer une amende plutôt salée. Pour la moindre sortie, les Français sont contraints de remplir une attestation de déplacement. Quand certains, dociles et conscients du danger, acceptent cette décision, d'autres crient au scandale et à la privation de liberté. Phénomène inédit : de nombreux pays décident de donner la priorité à la santé plutôt qu'à l'économie. En raison d'une saturation des services d'urgences et de réanimation, les hôpitaux commencent à opérer, eux aussi, des choix tragiques entre malades... qui sauver ?

Les bourses mondiales marquent la plus forte chute depuis 2008 : ça y est, on entre dans la crise. L'épidémie pèse sur la production d'iPhones dans les usines chinoises. Victime d'une malheureuse association d'idées collective, la marque de bière Corona voit ses chiffres de vente baisser brusquement. Fin mars, ce sont 1 milliard de personnes, dans plus de 50 pays, qui se retrouvent confinées chez elles. Les patients atteints du Covid-19 se comptent désormais en centaines de milliers à travers le monde.

Alors que l'on déplore partout une pénurie d'équipements pour combattre le virus, comme les masques ou les respirateurs, la solidarité s'organise. On offre des repas aux soignants brisés de fatigue, on fait les courses pour ses voisins âgés. L'heure est à l'adaptation, voire à la « débrouille ». Des entreprises du secteur du luxe produisent du gel hydroalcoolique, la société Dyson, spécialisée dans les aspirateurs, fabrique des respirateurs au Royaume-Uni. En Italie, des médecins utilisent des masques de plongée Decathlon en guise de respirateurs, un produit peu glamour mais terriblement efficace que l'enseigne finit par offrir massivement aux soignants.

Désormais héros de guerre dans leur canapé, les Français font une boulimie de séries sur les plateformes de vidéo à la demande. Ils maintiennent le contact avec leurs proches grâce aux *Zoom parties*, travaillent depuis leur domicile grâce à Microsoft Teams, Slack et autres solutions technologiques de collaboration, s'informent sur les réseaux sociaux. Craignant une pénurie de denrées de première nécessité, ils se ruent sur les pâtes et... le papier toilette. Ceux qui le peuvent quittent les grandes agglomérations pour se confiner à la campagne (plus d'un million de Franciliens quittent la région parisienne à la mi-mars). Les influenceurs en tout genre redoublent d'efforts pour faire respecter les fameux « gestes barrières », censés limiter la propagation du virus. Nous toussons dans nos coudes, nous lavons nos mains frénétiquement... Les confinements, seule lueur d'espoir dans la tourmente, semblent faire du bien à la planète. On observe une baisse spectaculaire de la pollution atmosphérique en Chine, et la qualité de l'air n'a jamais été aussi bonne en Île-de-France depuis 40 ans... Il y a un avant et un après 16 mars 2020 pour la France.

Après avoir évoqué le marketing des communautés, les équipes ALL WRITE proposent d'explorer le cas des communautés spécifiques, nécessitant un savoir-faire particulier : nous possédons chez Hopscotch de vraies connaissances sur ces publics, qui ont leur logique propre et ne peuvent s'aborder comme le grand public ; le luxe, les communautés médicales, les journalistes et influenceurs automobile, la production et la distribution alimentaires et viticoles, les décideurs publics, le milieu du cinéma, le monde de l'art contemporain...

Nous décidons d'aller à la rencontre de ceux qui animent ces communautés pour en savoir plus sur la manière dont une marque peut s'y intégrer et s'y maintenir. On choisit de commencer par le luxe, espérant trouver dans l'étude de ces communautés à la pointe de la tendance des réponses sur l'évolution de la communication. Allons-nous retrouver les mêmes constats, la même prééminence des *Key Opinion Leaders* dont nous a parlé Augustin M. pour la Chine ?

Anne-Laure de la G. et Judith G. sont les managers commerciales et créatives de l'activité luxe chez Hopscotch. Anne-Laure est directrice conseil stratégique et commerciale, et compte une dizaine d'années d'expérience dans le secteur. Sensible depuis toujours à l'esthétique et à la création, elle se passionne pour le digital et la manière dont il a rebattu les cartes.

Spécifiquement dédié aux événements à haute teneur artistique dans le monde entier, Hopscotch Luxe bénéficie également de l'esprit en ébullition de Judith, sa directrice de création : sa créativité s'est déployée dans un parcours multiple dans les sphères de la « hype » parisienne et new-yorkaise, de l'art contemporain (Perrotin) au monde de la nuit (La Clique).

Les dynamiques créatives de ce duo sont incarnées et sublimées par une équipe admirable, une team d'amis qui allie sens du design, conscience et souci permanent de son empreinte dans le monde...

LA RÉSOLUTION DE L'ÉQUATION LUXE/GRAND PUBLIC

>>> Par Anne-Laure de la G. et Judith G.

Conjuguer le temps court et le temps long

Il y aurait beaucoup à dire sur l'évolution de la communauté luxe. Les marques de luxe ont, par essence, la sacralisation d'un héritage et d'un fondateur, la préservation d'un mythe transcendant le passage du temps. Une caractéristique qui a longtemps enfermé la relation marque-consommateur dans une approche *top-down*. Il y a encore 5 ans, le pôle Luxe de Hopscotch était briefé sur des formats de *workshops* : nos clients recevaient la presse dans un écrin vitrine aux couleurs de la marque, et des journalistes relayaient par la suite le discours de marque auprès du public. Les voyages de presse poussaient davantage le curseur de l'immersion, mais toujours dans la transmission d'un contenu bien défini : un format d'agrément qui avait vocation à choyer un relais souvent recentré autour du trio attaché de presse des marques/créateurs/journalistes.

Cette stratégie de communication a largement évolué au fil des révolutions technologiques et sociétales, portant en son cœur une nouvelle classe : les influenceurs. Une courte rétrospective de notre activité permet de comprendre aisément cette évolution majeure au fil des dernières années.

L'émergence des réseaux sociaux est très certainement le plus grand bouleversement que les acteurs du luxe aient connu. La relation s'équilibre, le grand public s'exprime librement, l'attachement à une marque se manifeste par des *like* et plus seulement à travers l'acte d'achat. Cette relation se complexifie également par la démultiplication des acteurs sur la Toile. Dans nos *briefs*, la priorité est donnée à la génération du « buzz de l'année », certains ambitionnant même un tsunami de *like* : une nécessité pour émerger dans cette jungle où un grand événement en chasse un autre, et où une viralité réussie permet de toucher une audience massive.

Apparaît alors un double défi majeur pour les maisons : d'abord, préserver une direction artistique forte qui leur confère à la fois différenciation et puissance, tout en ouvrant le discours au plus grand nombre à une époque où l'inclusivité est devenue incontournable ; ensuite, conjuguer le temps long caractéristique du savoir-faire du luxe, avec un tempo de communication quotidien et quelques temps forts à même de capter leur audience dans la continuité. Discuter oui, mais en tirant les ficelles du dialogue aussi efficacement que possible.

Quand la Gen Z ouvre le marketing des maisons

L'évolution sociétale influe sur le devenir de la relation avec les maisons de luxe. Le début du XXIe siècle a d'abord vu émerger la génération des *millennials*, suivie de près par la Gen Z. Ces dernières années, les annonceurs ont concentré leurs activations sur cette double génération d'avenir qui, dans les prochaines années, constituera la majorité de leurs consommateurs. Il s'agit d'un public à fidéliser dès maintenant avec une offre et un ton accessibles. Ces générations sont porteuses de défis, car animées par des valeurs de liberté d'expression : liberté, autonomie, créativité. On ne leur impose pas une vision, elles se nourrissent de ce qu'elles voient. L'ère de la prescription a sonné.

Ces générations ont orienté les marques dans deux directions. Vers une relation de proximité, d'abord. Lancôme, par exemple, a revu son calendrier annuel d'événements : d'une année ponctuée de quelques grands événements d'envergure pour un cercle réduit, la marque privilégie depuis 2018 une prise de parole moins imposante mais beaucoup plus connectée au calendrier du quotidien. La seconde direction – et très certainement la plus importante – est le virage vers une relation plus conversationnelle et accessible grâce aux réseaux sociaux ; cette utilisation des plateformes nécessite le recours à un nouvel intermédiaire de communication pour jouer avec les bons codes d'interaction : l'influenceur.

Les influenceurs, médiateurs désormais incontournables entre les marques et leurs publics

Ce nouveau paradigme a progressivement placé sur un piédestal le profil de l'influenceur. Finie la communication 100 % verticale : depuis quelques années, chaque marque de luxe s'exprime en propre *via* ses *owned media*[1], mais aussi et surtout *via* une constellation d'influenceurs. Un canal de communication plus conversationnel et moins contraint que la publicité traditionnelle.

Cette prescription n'est pas nouvelle, mais elle a évolué dans sa nature. La dimension visuelle et communautaire des réseaux sociaux, dont la jeune génération est friande, a fait émerger un nouveau profil de prescripteurs. Des communautés de *followers* se sont créées autour de personnalités attachantes ou inspirantes, légitimes ou non dans leur domaine. Une typologie tangible allant du nano-influenceur[2] au *Key Opinion Leader* selon le nombre de *followers*.

1. Supports de communication que la marque possède en propre, comme ses magasins, son magazine, ses packagings, ses réseaux sociaux, etc.

2. Influenceurs possédant entre 1 000 et 10 000 *followers*, prisés par les marques en raison de la forte affinité qu'ils savent créer avec leurs communautés.

Nous avons successivement reçu sur nos événements des blogueurs, des youtubeurs puis, très majoritairement aujourd'hui, des instagrammeurs. Instagram est le réseau social des marques de luxe par excellence, puisque la primauté esthétique et l'immédiateté ont offert aux marques de nouveaux leviers de visibilité et de *storytelling*, particulièrement par le biais des influenceurs qui ont permis aux marques d'incarner un *lifestyle*. « L'art de vivre » existait déjà dans l'univers de certaines marques comme Louis Vuitton ou Hermès, mais le prisme du *lifestyle* est devenu le cœur de la discussion dans le luxe : on y vend une vie idéale, en lien avec nos aspirations profondes. Les influenceurs ont donc grandement contribué à renouveler le *storytelling* traditionnel des maisons de luxe en enrichissant leurs mythes légendaires, avec un art de vivre ancré dans l'air du temps et dans le réel.

En 2019, certains formats de campagne ont particulièrement symbolisé le rayonnement de ce nouveau public : les voyages et les soirées des influenceurs. Il s'agit d'une nouvelle approche proposant une expérience de marque suffisamment immersive pour générer la création de contenus organiques et hautement relayés. En plaçant les influenceurs au rang d'amis de la marque, on s'assure un relais de communication valorisant, naturel et particulièrement efficace. Qu'ils aiment les voyages, le sport ou l'art, qu'ils soient féministes, écolos ou poètes, les *millennials*, et encore plus les Gen Z, choisissent leurs achats en fonction de ce qui les touche, leur parle et leur ressemble. Ces événements influenceurs, riches en expérience, ont donc le double intérêt stratégique de contourner la dimension « partenariat rémunéré » sur les réseaux sociaux, à l'heure où l'exigence d'authenticité prime, et de susciter des émotions à même de toucher les communautés de *followers*.

Une autre expression événementielle a accompagné ce règne de l'influence : la célébration des « collabs ». Les collaborations s'avèrent un puissant levier porteur de valeur, d'image et d'ancrage. L'influenceur revêt le rôle d'ambassadeur de la marque, voire de cocréateur. Ainsi, des cocréations artistiques ont permis à des marques de préempter de manière tangible le territoire aspirationnel de l'art, à l'image de Dior et son défilé, en collaboration avec l'artiste plasticien Daniel Arsham, en mars 2020.

Vers plus d'immersivité et d'authenticité

Le luxe a vu une montée en flèche de l'authenticité s'inscrire dans les attentes de ses publics. Ainsi, lors de voyages que nous avons conçus pour la marque KRUG, nous avons emmené des chefs et des talents gastronomiques, ambassadeurs de la marque, rencontrer des producteurs et des talents locaux au Mexique et en Inde.

L'influence connaît progressivement des limites dans la sursollicitation et le manque d'authenticité des contenus proposés, certains influenceurs cédant aux sirènes des partenariats rémunérés, sans oublier les faux profils d'influenceurs… En réaction, les marques en viennent à rechercher des expériences de plus en plus immersives, vraies et pénétrantes. La retraite nomade organisée par le département Luxe pour Chloé au cœur du Maroc en est le plus bel exemple : pendant 2 jours, nous avons offert aux influenceurs une rencontre avec eux-mêmes, grâce à des expériences immersives dans le désert marocain. Un nombre croissant d'influenceurs veulent renouer avec l'authenticité et aspirent à devenir de vrais ambassadeurs *via* une collaboration dans la durée. Les marques les entendront-ils ?

Le luxe se tourne vers la RSE

La communication du luxe commence à capitaliser sur les actions de responsabilité des maisons. En effet, la responsabilité sociale et environnementale (RSE) est présente depuis longtemps dans certains groupes, mais parler de RSE est désormais une demande récurrente dans les *briefs* de communication : sans doute l'aggravation de la crise écologique et la place centrale de ce sujet dans les préoccupations des *millennials* et de la Gen Z y sont-elles pour beaucoup. Sur les réseaux sociaux, on ne se contente plus seulement de se divertir : on vient s'informer et coconstruire le monde de demain. Les engagements ponctuels ne suffisent plus, la jeune génération apprécie l'engagement social et *green* à la lueur d'un alignement global des marques. Les *briefs* annonceurs évoquent l'intégration d'un grand nombre de normes environnementales dans les procédés de fabrication et de transport, exigent une production responsable de leurs événements, demandent la mise en scène des preuves de leur contribution sociétale. Sandrine Sommer, directrice du développement durable et RSE chez Guerlain, a une jolie formule pour synthétiser l'évolution contextuelle : « On parlait de *storytelling*, aujourd'hui il faut du *storyproving*[3]. » Avec l'émergence des formats *behind the scene*, les marques se dévoilent à l'occasion de *masterclass* grand public. Il s'agit d'un exercice de sincérité qui nécessite de remplacer une posture de perfection par l'écoute et l'acceptation de sa « faillibilité » : une attitude préalable à toute transformation, mais difficile pour le luxe, qui a fait de la perfection un prérequis.

Les marques sélectionnent des influenceurs en accord avec des valeurs responsables, et conçoivent leurs événements influenceurs et grand public de manière de plus en plus engagée : zéro déchet, compensation carbone et respect des personnes les plus fragiles (précarité ou handicap). Chez Hopscotch Luxe, nous sommes plus que jamais convaincus par le levier que nous appelons « *l'émotion collective durable* » : en créant un lien fort entre les influenceurs conviés à nos événements, nous les fédérons autour d'une prise de conscience et d'une expérience de vie dont ils témoigneront longuement par la suite.

Quitter la médiation des influenceurs pour converser directement avec le grand public

Depuis le Covid, les *briefs* ont encore davantage intégré les attentes de la Gen Z, connue pour ses revendications d'individualité et d'engagement. Les marques abandonnent leur posture d'inaccessibilité et cherchent un contact de plus en plus direct avec le grand public.

3. Néologisme forgé par Sandrine Sommer, directrice du développement durable chez Guerlain, pour exprimer la fin d'une communication qui raconterait des histoires pour la beauté de l'histoire, déconnectée du réel, *versus* une communication axée sur des faits et des preuves. Derrière, l'enjeu est de « démarketer » la relation entre la marque et ses publics pour s'adapter à la condition *sine qua non* de cette relation que les *millennials* et les Gen Z, rompus au marketing, veulent transparente et non mensongère.

Depuis le YSL Beauty Club, concept innovant et précurseur mis en place en 2017, qui proposait aux influenceurs de créer et de diffuser, durant la soirée, des vidéos et des capsules sans filtre de la marque, les demandes de nos clients intègrent majoritairement comme objectif le souhait de converser directement avec le grand public. Leurs événements sont amplifiés sur les réseaux sociaux pour toucher le plus grand nombre, avec des propositions participatives digitales telles que le *gaming* ou les sondages. L'agence Heaven et la marque Paco Rabanne ont ainsi créé une campagne ludique utilisant l'emblématique jeu *Pacman* transformé en un univers doré et luxueux – un jeu hypnotique pour les parfums de Paco Rabanne « One Million » et « Lady Million ».

Cette volonté de renforcer l'affinité de la marque et de ses publics impacte les profils d'influenceurs sollicités : à la place d'un événement global, certaines marques basculent sur plusieurs événements à dimension locale et sollicitent des micro-influenceurs, jugés plus authentiques dans leur approche.

Supprimer le superflu dans le monde post-Covid

L'impact de la crise sanitaire mondiale a été sans appel sur le secteur de l'événementiel : arrêt pur et simple des rassemblements, interdiction de voyager. Une situation radicale à laquelle les marques de luxe n'ont pas échappé. Dans cette bascule 100 % digitale, on reparle de *relations* avec les publics : les influenceurs et les marques échangent des bons plans, des tutoriels, ouvrent leurs archives, proposent des challenges et des initiatives collectives à leurs *followers*. Les secteurs de la mode et du luxe, particulièrement, rivalisent de créativité dans leur manière de s'adresser à leurs publics, prenant plus de risques qu'avant la pandémie et endossant le rôle d'animateurs : un lien inédit qu'il s'agira de réussir à entretenir dans l'après-confinement…

Le monde post-Covid19 ne sera plus le même, et la prise de conscience pourrait bien être généralisée au-delà des frontières. Le futur des maisons s'écrira dans la construction d'un nouveau luxe engagé dans son environnement. Qui imaginerait encore, en 2021, un *fashion show* de grande envergure ? Sans perdre le rêve, le luxe devra incontestablement faire preuve d'humilité, d'utilité, de réalisme et de connexion avec les enjeux du développement durable ; une position résumée en avril 2020 par Giorgio Armani dans une lettre ouverte, « Il est temps de supprimer le superflu », exprimant un retour à la valeur produit et à une vision engagée et réfléchie sur le monde.

Longue vie aux marques qui auront compris que ce qui nous relie réside dans la conscience de notre responsabilité commune, et qui sauront convertir cette aspiration en proposant une expérience luxe holistique à la croisée du sublime et de la préservation de notre monde. Une nouvelle posture imprégnera en profondeur les événements luxe autour des valeurs de *sens, authenticité, connexion, responsabilité*... Un point d'équilibre subtil entre un service hautement raffiné et exclusif pour une clientèle choisie, et l'approfondissement d'une relation belle et inspirante avec tous. L'avenir appartiendra certainement aux marques qui résoudront le défi du dialogue et de la cocréation.

Luxe et grand public : peut-être assistons-nous à la résolution d'une équation posée comme contradictoire depuis la naissance du marketing du luxe, et qui verrait ici sa résolution. Anne-Laure et Judith ont confirmé la dynamique d'ouverture du monde du luxe[4], laquelle passe par la médiation d'influenceurs pour garder leur statut d'exception, tout en touchant une audience plus large. Mais comment faire alors que nous n'arrivons même pas à imaginer la vie de ceux qui fréquentent ces maisons régulièrement, que ce soit pour la haute couture ou la haute joaillerie ? Les connexions entre ces maisons et leurs clients réguliers doivent être tout à fait exceptionnelles. Mais, dans ce cas, n'y a-t-il pas des enseignements à tirer d'interactions portées à ce degré d'excellence ? Il y a peut-être quelqu'un chez Hopscotch qui aurait des éléments de réponse.

4. Nul doute que le Covid, en virtualisant les événements, a accentué cette dynamique d'ouverture. Pour preuve, la digitalisation du lancement du parfum « Match Point » de Lacoste, en octobre 2020, réalisé par l'équipe d'Anne-Laure et de Judith, a permis d'élargir un événement (au départ destiné aux influenceurs) au grand public, avec plusieurs *rooms* expérientielles virtuelles : *gaming, fragrance, custom*, etc.

RELATIONS EXQUISES ET SOUS HAUTE TENSION DANS L'UNIVERS DE LA HAUTE JOAILLERIE

Nous passons aujourd'hui voir Sidonie P. Elle nous accueille avec un sourire lumineux et sa douceur habituelle. Autour d'elle, son équipe d'élite a la spécificité d'être parfaitement polyvalente, aussi à l'aise pour démêler des problèmes administratifs et juridiques que pour séduire des clients d'une exigence folle, ou encore pour produire des événements de très haute qualité avec une minutie qui n'a rien à envier à un horloger suisse.

« Luxury Moments », une des offres créées par Sido et son équipe, consiste à organiser et accompagner des programmes personnalisés pour les meilleurs clients monde des maisons de luxe lors de leurs grands événements (défilés, lancement des collections haute joaillerie, lancement de produits, etc.). Cette activité existe depuis 7 ans, en toute discrétion puisque l'équipe « Luxury Moments » travaille en marque blanche pour ses clients, en incarnant leur univers, leurs codes, leurs histoires et leur ADN. La cellule s'est fortement développée au fil des années. Pourquoi ? Parce que la relation client est la clé de leur réussite. Dans un monde où le digital devient incontournable, où les *millennials* et la Gen Z imposent une approche différente de la communication, ce sont la relation humaine et la personnalisation qui font la différence.

Interview de **Sidonie P.** *par* **Laurence M.**

– Sido, en quoi consiste exactement votre offre « Luxury Moments » ?

– Tu sais, on a nous, ici, un savoir-faire particulier, celui de créer des expériences singulières et très exclusives en lien avec l'histoire de la maison qui nous fait confiance... C'est une espèce de défi qui consiste à offrir un traitement surpersonnalisé, totalement unique, à chacun des clients d'exception de la maison.

– Et ces clients d'exception, ils sont comment ?

– Ils sont... je dirais, très attachés à leur maison de luxe. C'est curieux, d'ailleurs. Alors que l'on pourrait croire que les personnes fortunées et consommatrices de produits de luxe sont distantes, inaccessibles et très sollicitées, on remarque qu'elles sont demandeuses de liens forts avec les maisons de luxe qu'elles choisissent. Elles aiment avoir un traitement particulier. Elles préfèrent être considérées et traitées comme des « amies de la maison » plutôt que comme des clientes. Elles souhaitent aussi avoir un vendeur attitré ; elles tissent un lien particulier avec lui. La relation commerciale devient une relation amicale qui crée une confiance et une fidélité hors norme. Nous sommes, chez « Luxury Moments », au service de ces grands vendeurs, lesquels représentent une élite dans le monde du luxe.

– Et comment fait-on pour épater un client qui a tout ? Qu'est-ce qu'on peut encore lui proposer ?

– C'est tout notre savoir-faire : nous allons sortir un client de sa bulle d'exception pour le faire entrer dans un autre univers, un autre référentiel émotionnel. Parce que, dis-toi qu'un client ou une cliente n'achète pas une robe haute couture ou un bijou de grande valeur rationnellement ; il – ou elle – va l'acheter parce que l'objet va faire résonner chez lui – ou elle – une émotion intense. Nous construisons le contexte où l'émotion va surgir : un décor de défilé surprenant, une musique lyrique, une scénographie d'exposition pour mettre en valeur les bijoux, un *storytelling* fort... Voyager avec son « grand vendeur » et vivre 3 jours inouïs où tout le programme est conçu en fonction de ce que l'on aime, de ce que l'on est, de nos madeleines de Proust, suscite forcément le plus intense des attachements à la marque. Je me souviens d'une expérience que nous avions imaginée avec une grande maison de haute joaillerie : nous offrions à une cliente la possibilité de se vêtir d'une robe de haute couture de son choix, d'avoir une séance de *hair and make-up* et de porter une tiare le temps d'une photo artistique. Nous avions tout prévu pour que son parcours soit celui d'une princesse. Lorsque nous avons évoqué le fait d'avoir une assistante pour habiller cette personne, la maison nous a dit : « Elle n'acceptera d'être habillée que par son grand vendeur. »

– Jamais l'expression *money can't buy* n'aura été aussi adaptée, non ? Des expériences au-delà des rêves mêmes des princes de ce monde...

Pendant que Sido nous parle, nous regardons autour de nous. Si l'ambiance est studieuse, rien ne semble transparaître des lourds enjeux que ces jeunes gens traitent au quotidien.

– Encore une fois, l'expérience est magnifique, mais ce qui lui donne son prix aux yeux du client, c'est la connexion particulière, unique que l'on crée avec lui. D'ailleurs, il n'y a pas une, mais 3 clés pour créer une relation de cette qualité.

L'ATTENTION, LA PERSONNALISATION, L'EXCLUSIVITÉ : LES 3 CLÉS QUI FONT LA DIFFÉRENCE

– Sido, je retiens mon souffle puisque tu daignes me donner les clés qui me permettent d'être considérée par les puissants du monde !

– Moque-toi ! N'empêche que je suis sûre que ce que je vais te dire est exportable à d'autres relations avec des publics différents. La première clé, c'est ce qu'on appelle le *care*, à savoir la façon dont nous allons traiter un client tout au long de son séjour : une équipe d'experts à sa disposition, le chauffeur qu'il aime et qui parle sa langue, la chambre qu'il va adorer, la personnalisation de son accueil et le fait que tout le monde connaisse son nom... Il est reçu comme un grand ami de la maison, où qu'il aille. La deuxième clé, c'est l'*exclusivité*, le témoignage de la qualité relationnelle créée entre le client et la maison : pour lui, tout est ouvert (portes, *backstages*, etc.). La troisième clé, c'est la *personnalisation* : tout est construit en fonction des goûts du client, de son histoire, sa culture, sa nationalité, sa religion. Rien n'est laissé au hasard. Cela ne représente pas forcément une surenchère de moyens : parfois, une simple balade sur la Seine devient l'expérience d'une vie, même pour les plus aisés, à condition de raconter la bonne histoire et de sublimer la croisière avec tout ce qui touche la personne. Il faut faire attention à ne pas projeter ses propres désirs ou ceux de la maison sur nos clients : si, par exemple, ce dernier est fasciné par la grande tradition française plutôt que par l'art contemporain, il faut s'adapter à ses goûts, même si la maison a un tropisme vers ce dernier.

– Tu vois, ce que je comprends, Sido, c'est que les maisons expriment moins leur univers, lors de ces interactions d'exception, qu'elles ne se synchronisent avec leurs clients et se mettent à leur niveau.

– Et la maison témoigne par ces actions toute l'importance qu'elle accorde à cette relation. D'ailleurs, notre expertise se nomme aussi « *client care* ». Sur le terrain, les *personal attendants* qui prennent soin de nos clients sont appelés aussi « nounous ». Ce terme colle bien à celui de *client care*, non ? Nous allons au-delà du service, nous bichonnons, dorlotons, accompagnons les clients pour qu'ils se sentent en sécurité et enveloppés de bienveillance.

– Maintenant, Sido, déclaré-je avec le sentiment un peu coupable et délicieusement gourmand du chasseur de *gossips*, tu sais ce que je vais te demander !

– Non, quoi ?

– Les *dirty secrets* de ton quotidien, les clients odieux, pourris gâtés qu'on imagine. Vous faites comment pour gérer ça ? Tu as bien des cas, non ?

– Bien entendu, nous avons de la pression ! Il nous faut exécuter le programme dans l'excellence et sans fausse note, traiter les demandes de dernière minute et manager la gestion du stress des personnes en lien direct avec le client final. Ce n'est pas évident, en effet : nous sommes le dernier maillon de la chaîne du stress. Parfois, nous sommes aussi confrontés à des demandes qui nous paraissent surréalistes, qui peuvent apparaître loin de nos valeurs. Il nous faut prendre de la distance et du recul. Alors, le secret, c'est l'empathie. C'est assez paradoxal de nous demander d'être dans l'empathie avec des gens qui, en apparence, ont tout pour être heureux. Mais nous allons nous mettre à leur place et nous demander quel est leur sentiment, leur besoin. Nous sommes également dans l'empathie avec les équipes de la maison lors des moments de pression ; nous tissons un lien fort reposant avant tout sur la confiance et la rigueur avec les équipes opérationnelles de la maison et leurs grands vendeurs. Nous préparons, avec eux, ce fameux programme d'exception. L'univers du luxe est exigeant. Pour autant, les maisons sont très fidèles et considèrent les prestataires qu'elles choisissent comme de véritables partenaires, des alliés. Il y a des codes, un savoir-faire, une discipline, un langage, une culture propre à chaque maison ; c'est une véritable expertise qui ne s'improvise pas.

L'EMPATHIE POUR GÉRER LES TENSIONS

– Et avec tes équipes, tu fais comment pour gérer la pression ?

– Pareil ! On est dans l'empathie, on cultive une équipe soudée ; on crée une bulle dans la bulle. L'équipe fait corps, un noyau dur pour être fort et affronter les demandes les plus folles à mettre en place dans des temps records. Il y a l'humour, il y a les temps de décompression, il y a la confiance et surtout la solidarité. L'équipe est formée de binômes pour être toujours deux à se relayer ; le manager est au cœur de l'équipe, avec des pains et des croissants le matin, des petites attentions. Il veille sur chacun, il écoute, il participe, il est le pilier.

Les propos de Sidonie P. sont limpides : animer des communautés élitistes et très fermées demande du *care*, de l'exclusivité et de la personnalisation, ainsi que beaucoup d'empathie pour nouer une relation *intuitu personae* avec chacun... *Quid*, au contraire, des communautés très étendues ?

TRANSFORMER UNE ACTION PR EN HUB COMMUNAUTAIRE

La plateforme de marque

Comment arriver à mobiliser des foules entières sur une longue période ? Comment élargir ces communautés sans les diluer ?

Comment créer le fameux meta-business avec et autour de ces communautés ?

Nous avons réussi à le faire chez Hopscotch avec La Semaine du Goût, une action qui s'affirme au fil des années comme un marqueur de l'éducation nutritionnelle des jeunes Français. Demandez au hasard à un *millennial* si un chef est venu lui donner des leçons de goût à l'école quand il était petit. Une personne sur deux de moins de 30 ans vous répondra par l'affirmative : les leçons de goût ont touché 7,5 millions d'enfants de classes primaires.

Point de vue

RECETTE POUR UNE CRÉATION DE MARQUE MYTHIQUE

Par Sophie G.

La Semaine du Goût incarne l'image d'une marque puissante, assise sur une plateforme de marque exemplaire. Quelle est la recette pour une marque réussie ?

1. D'abord, listez vos attributs, votre savoir-faire, vos avantages concurrentiels.
2. Trouvez, dans ce premier code génétique, la ou les valeurs qui feront de votre dynamique un combat universel, cher au cœur de tous. Cette posture de marque doit largement dépasser votre activité : le défi personnel (Nike), le retour à la nature (Aigle), l'esprit français (Air France), la défense du goût, du plaisir et des bons produits *versus* le faux bon et le frelaté (La Semaine du Goût).
3. Testez : cette plateforme de marque fonctionne-t-elle avec des produits très différents du vôtre ? Si oui, c'est gagné, vous avez à présent une marque qui peut durer des générations.

Sophie G. arrive dans mon *open space*. Chacune de ses apparitions est une sorte de coup de théâtre. Sophie peut survenir drapée dans un sari ou moulée dans une jupe crayon des années 1950, marier les couleurs avec une grande insouciance, sa fantaisie fera feu de tout bois et transformera n'importe quelle audace vestimentaire en un style très personnel. Très liée au monde des chefs, Sophie anime depuis de nombreuses années La Semaine du Goût, un des événements phares acquis par l'agence en 2008[5]. Ce temps fort, mythique pour les Français, est né d'une initiative inaugurée en 1990 par le Centre d'information du sucre dans une logique défensive (l'aspartame arrivait sur le marché français) et, au fil des années, cette initiative est devenue le porte-voix d'une approche saine et goûteuse de l'alimentaire, mêlant l'initiation au goût à l'apprentissage de la production des produits, et rassemblant sous une même bannière les producteurs, les distributeurs (petits et gros), les chefs et les restaurateurs.

Interview de **Sophie G.** *par* **Laurence M.**

– J'aime bien comment tu racontes l'histoire, me glisse Sophie en me scrutant de son œil toujours un peu moqueur ; c'est bien un truc de planner stratégique de tout ramener à la plateforme de marque. Mais il y a autre chose dans cette marque : quand on l'a déposée à l'INPI en 2003, on l'a décrite comme une marque à vocation sociétale, et on a marqué, dans son périmètre, « l'éducation au goût pour le plus grand nombre ». Et c'était bien normal, puisque dès la première année, 100 chefs connus ou futurs talents ont donné des leçons de goût dans une centaine d'écoles parisiennes. Puis ils ont offert un grand déjeuner place du Trocadéro et cet événement a fait le journal de 20 heures !

– Pas mal ! J'aimerais bien savoir comment cette Journée du Goût a pu devenir La Semaine du Goût et prendre autant d'ampleur au fil des ans, jusqu'à devenir un équivalent alimentaire de la fête de la Musique !

5. Hopscotch et Sopexa ont ensuite créé la Fondation pour l'Innovation et la Transmission du goût en 2016, sous l'égide de la Fondation Agir contre l'exclusion (FACE).

LA PROPAGATION D'UNE CAUSE SE FAIT COMMUNAUTÉ PAR COMMUNAUTÉ

– Eh bien, malgré le buzz inespéré du lancement de la Journée du Goût et tous les médias impliqués, nous n'aurions pas pu en faire une opération pérenne sans aller chercher chaque communauté, quasiment une par une, au fil du temps. Au début, les chefs ont mobilisé leurs pairs pour aller, chaque année, dans les écoles transmettre aux jeunes générations le goût des produits du terroir. Puis, ces mêmes chefs ont développé des menus spéciaux dans leurs restaurants sous l'appellation « Les Tables du Goût », notamment un menu spécial étudiants. Les enseignants ont mis La Semaine du Goût dans leur planning avec l'aide des inspections académiques : 10 000 enseignants se sont inscrits sur la plateforme *www.legout.com* en 2019. Ils ont reçu des kits pédagogiques pour prolonger les leçons de goût toute l'année avec leurs élèves. Ensuite, d'autres acteurs, comme la restauration collective, ont vu dans cette manifestation l'occasion de créer un temps fort et festif. Avec leurs fournisseurs, ils ont créé pendant cette semaine des menus spéciaux La Semaine du Goût dans toutes les cantines scolaires. Puis les professionnels des arts de la table y ont vu une opportunité de tisser des liens avec les restaurateurs ; ainsi, Villeroy & Boch a créé une assiette exclusive totem de La Semaine du Goût pour les restaurants participant à l'événement...

– Et pour quelles raisons toutes ces communautés et tous ces acteurs ont-ils répondu présents ?

– Je vois 4 raisons. La première, et la plus importante, c'est que cette cause est portée par des *ambassadeurs d'exception*, les chefs, les artisans des métiers de bouche et les agriculteurs : ils incarnent un savoir-faire que tout le monde identifie à la France, que tout le monde aime, derrière lequel tout le monde se reconnaît ; ils sont sympathiques, ils apportent de la joie, ils font du bien. On les associe à la proximité des régions, à l'authenticité. Ensuite, comme tu l'as souligné, cette opération venait *rendre des services* à plein de communautés : il y avait un véritable enjeu, par exemple pour les étudiants qui sortent du cocon familial, se retrouvent privés du savoir-faire nutritionnel et culinaire parental, déboussolés dans leur façon de s'alimenter; pour eux, on a créé l'opération « Chef sur le Campus », au départ dans les amphithéâtres des universités, avec des cours de cuisine en petit comité, puis elle s'est amplifiée avec un programme digital *ad hoc* pour les universités et grandes écoles. Enfin, on a ajouté un volet sur les métiers de l'alimentaire, un secteur en tension vers lequel les étudiants en écoles de commerce et d'ingénieurs ne vont pas naturellement. Il se trouve qu'on était déjà sur les campus; avec ce dispositif, on adressait l'aspect recrutement de la filière...

– Et comme c'est de l'alimentaire, de la gastronomie, cela touche naturellement les gens, il n'y a pas grand-chose à faire...

– Non, c'est très important que toutes nos communautés se sentent investies. Les enfants, par exemple, étaient « touchés » dans les écoles mais on voulait davantage, qu'ils soient acteurs de La Semaine du Goût. Pourquoi ne pas leur demander leur avis sur les produits qu'ils aiment manger? C'est pourquoi La Semaine du Goût a imaginé un label « approuvé par les enfants », consacrant des produits testés par les enfants *via* un cabinet indépendant. Une autre année, nous avons développé en magasin des « coachs du goût » pour aider les clients à faire leurs courses. La troisième raison, c'est la *capacité de cette cause à être multiple, plastique*, au bon sens du terme. On a pu faire plein de développements parce que l'authenticité alimentaire concernait beaucoup d'acteurs de tout ordre: ministères, associations, collectivités locales, filières, marques... Chaque année, La Semaine du Goût s'enrichissait, devenait une saga, était placée sous le feu des projecteurs: de nouveaux acteurs nous rejoignaient, à chaque fois plus éloignés de notre secteur. Pour LCL, on a créé un *roadshow* dans 10 agences de la banque, en France, à destination des enfants de maternelle et d'élémentaire: les classes étaient invitées à se rendre dans l'agence LCL de certaines villes pour suivre un parcours du goût animé par Laurent Mariotte et par un pâtissier reconnu de chacune des villes... Évidemment, on a fait confectionner des financiers, poursuit Sophie, qui a un certain goût pour l'humour à froid.

– Et la dernière raison ?

– La dernière raison, c'est que La Semaine du Goût aide les marques à *pivoter sur le secteur agroalimentaire*, là où il y a de gros enjeux sociétaux. Pendant 10 ans, Carrefour a été notre partenaire ; l'enseigne mettait à l'honneur des PME françaises de l'agroalimentaire à l'aide de dispositifs médias puissants : les marques et Carrefour détaillaient tous leurs engagements sur le goût. On a accompagné Auchan sur la thématique « manger bien pour un petit budget » : on a fait des ateliers d'innovation avec des groupes d'intelligence collective et identifié un grand nombre de solutions. Puis on a mis en place plusieurs solutions dans les points de vente : recettes, cours, promotions, pédagogie avec la présence d'experts...

Les avantages de l'approche par communautés

Tout comme Anne-Laure, Judith et Sidonie, Sophie se retrouve à un moment clé de l'histoire de son secteur. Si le luxe est soumis à une dynamique vers le marché de masse à articuler avec finesse, l'alimentation est touchée par une lame de fond où on lui demande d'être responsable sur tous les fronts : traitement de la cause animale, utilisation de pesticides, rémunération des agriculteurs, relocalisation d'emplois et maintien du tissu local, protection du patrimoine naturel, etc. Ce secteur a été le premier à voir l'émergence d'une consommation activiste qui est devenue petit à petit la norme. Pour mettre tous les atouts de son côté dans cette phase de transition, l'approche par communautés possède de nombreux avantages :

- *éviter le greenwashing* par un travail en coconstruction avec ses communautés (l'approche servicielle, toujours) et proposer des actions utiles, au plus près des enjeux de chacun ;
- *adresser une réalité complexe et multidimensionnelle* comme, par exemple, un secteur alimentaire en pleine transition ;
- *devenir des marques médiatrices* en permettant à ces communautés de se parler. Ainsi, le dispositif « bien manger pour un petit budget »,

mis en place avec Auchan, a-t-il offert à la marque une occasion de discuter avec des chefs et des experts en nutrition, mais aussi avec des étudiants confrontés à la précarité alimentaire ;

- *faire perdurer le mouvement sur le long terme* en proposant sans cesse de nouvelles opportunités qui mettent en lumière cette transition.

SUM UP

Comme les autres secteurs, le luxe se positionne dans un nouvel écosystème de communautés et inaugure des interactions inédites, plus rapides et variées, avec un spectre bien plus large de consommateurs que les acheteurs luxe : qu'ils soient spectateurs, commentateurs ou acheteurs, les nouveaux publics du luxe sont membres de communautés influentes sur les réseaux sociaux.

La communication des enseignes de luxe passe une épreuve importante, celle de l'élargissement de son public à de nouvelles générations comme la Gen Z. Comment continuer à offrir une expérience exclusive, tout en ouvrant son audience et ses codes au grand public ? Aujourd'hui, la réponse apportée par le luxe est la suivante : s'adresser de plus en plus directement au grand public, sans même passer par la médiation d'influenceurs, par le biais d'expériences exclusives. Ouvrir les rêves du luxe à tous les publics, et pas seulement aux influenceurs, passera donc par cette offre élargie et sur mesure pour des esthètes aux attentes différentes.

Trois clés sont nécessaires pour créer et entretenir une relation d'exception : la personnalisation de l'expérience, le soin apporté à l'interaction et, enfin, l'empathie dans le rapport à l'autre.

Les codes du luxe évoluent lorsqu'ils sont repris par de nouvelles communautés qui se les approprient. Aujourd'hui, ce sont les causes qui cimentent les communautés de publics spécifiques comme le luxe ou le bien-manger. Dans le secteur alimentaire, les chefs se font les ambassadeurs de la pédagogie du bien-manger et façonnent toute une génération de *foodies* de la Gen Z.

La RSE permet aux secteurs du luxe et de la gastronomie de renouer simplement avec des valeurs d'authenticité, de tradition, l'artisanat étant leur raison d'être. Alors, retour aux sources ?

5 LE CAPITAL RELATIONNEL

AIR DU TEMPS

Par Flora L. : avril 2020

Avant le 16 mars 2020, c'était le « monde d'avant », le temps du présentiel, de la relation humaine directe et physique, en chair et en os. Le temps où les travailleurs se retrouvaient dans des bureaux, se croisaient à la machine à café, dans les transports. Le « monde d'avant » est devenu une sorte de Paradis perdu, le temps où les Français déambulaient librement dans les rues, exempts de masques et d'attestations sur l'honneur. Une liberté que nous avions oublié d'apprécier.

Après le 16 mars, on bascule dans le numérique. En avril 2020, la moitié de la population mondiale est confinée. Elle apprend à réinventer sa façon de communiquer avec ses proches, ses collègues, ses médecins, ses enseignants et ses commerçants. Depuis son domicile, elle expérimente la téléconsultation médicale, multiplie les « conf calls[1] » en « visio » sur les plateformes de collaboration, commande ses plats gastronomiques en ligne et utilise des applications de traçage numérique pour briser les chaînes de contamination du virus. On apprend

1. Abréviation de *conference call* : réunion téléphonique ou visioconférence.

à faire du sport à la maison, on cuisine davantage. Les moins de 20 ans élaborent des vidéos parfois plus virales que le Covid-19. Les menaces se font « cyber » et les forces de l'ordre se concentrent sur les attaques en ligne ciblant données de santé et hôpitaux. On paie « sans contact », on salue « sans contact », mais on redoute de vivre « sans contact ».

La crise sanitaire, qui déjà monopolise l'essentiel de l'attention médiatique, met en lumière la fragilité de nos aînés. Une fragilité double : s'ils sont plus à même de développer des formes graves du virus, ils sont aussi ceux qui souffrent le plus de la solitude car souvent profanes en matière de technologie, et étrangers aux bouillonnements de vie sur les réseaux sociaux ; parfois même réfractaires, faute de n'y rien comprendre.

La France confinée retient son souffle. Le silence règne dans la capitale, où 90 % du volume sonore s'est envolé de concert avec la circulation automobile. Les images des Champs-Élysées déserts contrastent avec notre souvenir, déjà bien trop lointain, des scènes de liesse populaire de la Coupe du Monde de football de 2018, heureuse et victorieuse. L'espoir d'un déconfinement est pourtant bien présent, avec une date : le 11 mai. La routine paraît alors moins pesante, on applaudit, chaque soir, les soignants du pays avec un enthousiasme renouvelé, on joue à « Questions pour un balcon » avec ses voisins.

Enchaînés par le même destin, nous redevenons des animaux politiques : les dirigeants du monde entier s'activent jour et nuit, et participent à un festival d'allocutions médiatisées. La reine Elizabeth II s'exprime même à la télévision, pour la quatrième fois seulement en 68 ans de règne, appelant son peuple au courage et à l'unité. La vraie reine du moment, c'est la santé. On la célèbre, on la chérit, on la protège, « quoi qu'il en coûte ». À Rio de Janeiro, un uniforme de médecin est projeté sur la célèbre statue du Christ rédempteur, en hommage aux soignants.

L'ÉCONOMIE DE LA RELATION : MAURICE OBADIA OU UNE THÉORIE VISIONNAIRE DE L'ÉCONOMIE

Eva a quitté l'équipe. Saad R. la remplace, *on-boardé*[2] de justesse quelques jours avant le confinement. Son parcours en sociologie l'amène à déconstruire tout ce qui nous semble, à nous, évident, et à nous questionner sur nos préjugés et nos construits de communicants. Dans notre enquête, Saad nous est précieux. Ce qui lui saute aux yeux, c'est que l'on ne parle quasiment jamais de communication ici, mais de relation : relation avec des clients d'exception, relation avec des chefs, relation avec des influenceurs, des marques, des communautés...

– C'est un gros mot ou quoi pour vous, la communication ?

– Non, mais c'est sans doute trop... ponctuel pour ce que nous faisons. Nous cherchons à créer des liens sur le long terme.

– Ah bon ? Pour vous, la relation, ça ne peut pas être court ?

Somalia et moi nous sentons un peu penaudes. On ne sait pas trop ce que c'est, la relation, comme n'importe quel mot que l'on utilise couramment et qui, comme des vieilles pantoufles confortables, n'a plus de contours. À partir de quel moment dit-on que l'on est « en relation » avec quelqu'un ? Quand on l'a connecté sur un réseau social ? Quand il y a eu un échange ? Quand cette personne est d'accord pour le dire ? Quand on a éprouvé que ce nouveau lien pourrait résister aux attaques de la vie ?...

C'est alors que nous nous rappelons que Benoît D., un des fondateurs de Hopscotch, nous avait présenté l'économiste qui, le premier, avait théorisé l'existence d'une économie relationnelle et essayé de valoriser celle-ci aux côtés de l'économie traditionnelle.

2. Intégré.

C'était au cœur des années 1980, les années fric. Sa thèse avait reçu l'accueil que réserve traditionnellement l'Université française à ceux qui pensent hors du système et créent de la rupture. Il avait été prié de prendre la porte et d'aller réfléchir ailleurs sur son « économie de la relation ». Voici ce que cet économiste, Maurice Obadia, écrivait à l'époque : « À côté des lois économiques du monde matériel [...] vit une économie particulière : [...] cette économie particulière peut être appelée "économie de la relation" : les productions, les investissements, les valeurs qui en font la teneur justifient les efforts consentis pour disposer de biens relationnels authentiques échappant à la dictature ou, du moins, au déterminisme de l'économie matérielle[3]. » Maurice Obadia appelait cette économie d'un joli nom, « la vitalité du versant ombragé de l'économie ». Il s'agissait de « rendre compte des différentes manifestations de l'humain dans l'économie, dans les productions et dans les échanges relationnels qui se créent au sein des organisations ». Comme souvent, l'Université française n'a pas eu le nez creux. Pendant qu'elle claquait la porte sur Maurice Obadia et son économie de la relation, à l'autre bout du monde, en Californie, les théories de l'information nées de l'école de Palo Alto concevaient une nouvelle génération passionnée d'informatique mais aussi de liberté.

En 1990, un ingénieur anglais, Tim Berners-Lee, donnait naissance, au CERN (Suisse), à un projet mystérieux qui allait relier entre elles toutes les informations du monde : le Web. En 2002, c'est la naissance de LinkedIn, en 2005, celle de Facebook... Ça y est, on connecte non seulement les données, mais aussi les individus, dynamitant du même coup toutes les structures intermédiaires et les systèmes élitaires, générant d'inimaginables opportunités de business, de savoir, ainsi que des mises en relation à n'en plus finir : « Si [...] les hommes et les choses [sont] en contact direct [...], j'obtiens quelque chose d'historique : un monde apparemment sans élites, une planète à traction directe où l'intention et l'intelligence collectives deviennent actions sans avoir à passer par

3. Maurice Obadia, *Pour une économie de l'humain : quand les surabondances font reculer la richesse*, Village Mondial, 2003, p. 7-8.

des autorités intermédiaires[4] », constate Alessandro Baricco, qui fait de cette hyper-connexion la colonne vertébrale du nouveau jeu planétaire.

C'est tout ce que Maurice Obadia avait prédit. Il voyait dans l'économie relationnelle « l'atteinte d'un flux d'échanges libéré des archaïsmes et des contraintes qui l'asphyxiaient ». Le business des GAFAM[5] et des BATX[6] se fonde sur cette fameuse économie de la relation développée par Maurice Obadia. Quand on regarde leur dynamisme, la place que ces entreprises, relativement récentes, ont pris dans nos vies, dans celles des nations et leur capitalisation boursière, on commence à voir l'intérêt de l'économie à raisonner sur la base d'un spectre élargi sur l'immatériel.

Il nous semble alors urgent de prendre contact avec Maurice Obadia, qui vit dans les Pyrénées (dans les faits, l'entretien a eu lieu à la fin du premier confinement, car ce puriste de la relation ne pouvait imaginer une relation numérique).

Point de vue

LES LOIS DE L'ÉCONOMIE RELATIONNELLE PAR MAURICE OBADIA, PENSEUR ET PIONNIER DE L'ÉCONOMIE DE LA RELATION

Interview de Maurice Obadia, par Saad R.

« J'ai passé une quinzaine d'années dans l'enseignement en économie. J'étais passionné, j'ai proposé aux universitaires de penser la fracture entre les hommes et les nombres. L'université a dit "non, proposez cela ailleurs, c'est trop transdisciplinaire". J'ai quitté l'université dans les années 1980, c'était une situation compliquée car j'étais considéré comme un traître au niveau universitaire, et trop intellectuel au niveau des entreprises. La situation n'a pas été facile,

4. Alessandro Baricco, *op. cit.*, p. 95.

5. GAFAM : acronyme qui désigne les géants de la *Net Economy* américaine, à savoir Google, Apple, Facebook, Amazon et Microsoft.

6. BATX : acteurs de la *Net Economy* chinoise, à savoir Baidu, Alibaba, Tencent et Xiaomi.

pendant 5 ans j'ai travaillé à l'heure, à la journée, pour les chambres de commerce, etc. Je voulais exprimer qu'il n'y avait pas une mais deux économies, l'économie matérielle et l'économie immatérielle. On s'est en effet rendu compte que l'on ne crée et n'échange pas que des choses matérielles, mais aussi des informations, des affects, des sentiments... beaucoup d'émotions, surtout. J'ai donc pensé l'économie de la relation. Au début, on m'a traité d'"avatar de Mai 68", on ne voulait pas m'entendre.

« Les émotions, on peut les traduire comme un mélange d'informations et d'énergie. Ces informations peuvent être négatives ou positives, donc la relation peut être également négative ou positive. Aujourd'hui, on commence à comprendre qu'il faut développer de la relation pour la relation, avec des buts positifs.

« Ce qui est caractéristique également de l'économie de la relation, c'est qu'elle doit être recréée tous les jours. C'est pourquoi il est fondé de parler de "capital relationnel".

« Enfin, il est très important que la relation soit équilibrée. En France, j'ai remarqué, en créant le concept, que la plupart des relations étaient à but lucratif, pour l'argent que ça allait amener un jour ou l'autre. Dans le monde occidental des années 1980, le tissu relationnel n'était intéressant que s'il était convertible en argent. L'économie de la relation était vue comme synonyme d'utopie, de Mai 68, de mode de vie différent, d'autogestion, etc. Le temps a travaillé pour nous sur ce domaine. »

Surabondance et rareté dans l'économie de la relation

« Il existe une économie du traitement de la surabondance : on sait traiter aujourd'hui un amoncellement de données sans précédent ; de la même manière, on apprend aujourd'hui à recycler. Dans l'économie de la relation aussi, la surabondance de relations mauvaises, inutiles, a toujours eu sa place. Alors tout est à faire. Créer le positif, démonter le négatif, le freiner [pendant que Maurice évoque cela, je pense immédiatement aux communications de crise, où les entreprises se protègent grâce aux bonnes relations et à la confiance qu'elles ont su nouer auparavant avec leurs écosystèmes d'associations, de pouvoirs publics...]. Le but dans l'économie relationnelle, c'est de retrouver de nouvelles raretés. Une relation de qualité avec de vrais sentiments, pas les *like* car ils sont surabondants. On ne peut créer des relations de qualité qu'à travers une information travaillée, moins monolithique, plus coûteuse en temps, en énergie et en dépenses. On ne peut pas avoir de la relation positive avec tout le monde en même temps : avec Facebook, par exemple, on parle de "contacts", pas de relations ; on éprouve la faiblesse des liens. »

De l'économie du service à l'économie de la relation

« Une relation de qualité réussie s'opère à la demande mutuelle, se maintient au-delà du moment où l'on a délivré l'information ou le service. Pour passer de l'économie du service, fondée sur un strict échange, à l'économie de la relation, il faut envoyer un message d'ouverture sur d'autres sujets que la stricte relation économique ; c'est ce que s'efforcent de faire toutes les marques sur les réseaux sociaux, elles essaient de garder le lien, de maintenir la continuité... Sont-ce autant d'indices qui annoncent que l'ère de l'économie de la relation est arrivée ? »

L'articulation entre économie matérielle et économie de la relation

« L'économie matérielle restera présente dans l'économie de la relation. Il faut toutefois créer de la relation avec d'autres objectifs que l'argent. BlaBlaCar est différent d'Uber sur le plan de la relation. Uber part d'un service qui compense les manquements du système des taxis. BlaBlaCar part du besoin d'un défaut de liaisons sur le territoire français, du besoin d'un ajustement des prix à la fréquence et de l'impérieuse nécessité de se déplacer, mais répond aussi à la nécessité de recréer de la confiance et du lien. BlaBlaCar porte une promesse différente : du point de vue matériel, le service est utile, et sur le plan immatériel, il y a du relationnel : on échange nos numéros et on refera des voyages ensemble, même sans passer par la plateforme. »

Je crois comprendre que Maurice Obadia est assez pessimiste sur l'avenir de la relation après le choc du Covid. Pour lui, les réseaux sociaux entretiennent naturellement une « relation négative », à savoir une information primaire, beaucoup de méfiance, d'antipathie et de haine : « L'économie de la relation négative est galopante sur les réseaux sociaux. »

Les hypothèses posées par Alessandro Baricco résonnent toujours dans ma mémoire : le *Game* (l'endroit où s'exercent les relations digitalisées) fonctionne sur un dynamitage du système des élites et des intermédiaires. Ce qu'il faut au *Game*, c'est de la matière rapide « basse densité », « aérodynamique ». Le mojo du *Game* : « Je dois avoir le sang-froid de choisir non pas ce qui donne les meilleurs résultats sur le papier, mais ce que les gens peuvent comprendre, s'approprier, digérer, incarner et mettre en œuvre chaque matin en sortant de chez eux[7]. »

Et nous, de quel côté nous situons-nous ? Du côté Baricco, des adeptes du *Game* qui profilent des messages pour leur donner le plus d'impact possible à un moment T et créer des réactions en chaîne ? Ou du côté Maurice Obadia ? Du côté des patients tisseurs de liens de l'économie relationnelle, qui prennent en compte toutes les dimensions de celle-ci ?

Peut-être qu'une des réponses réside dans le fait de savoir ce que nous échangeons, au juste, dans l'économie relationnelle, et quels types d'échanges sont présents dans nos activités de communicants. Et je sais auprès de qui aller chercher la réponse.

7. Alessandro Baricco, *op. cit.*, p. 340.

DUC HA DUONG ET LA THÉORIE DES 5 FLUX

Entretien avec
Duc Ha Duong
par
Laurence M.

D'autres personnes que Maurice Obadia ont également abordé, par d'autres chemins, la question de l'économie de la relation. L'une de ces personnes incarne à mes yeux ce que le monde de l'entreprise peut offrir de mieux quand il décide de s'affranchir de la conception traditionnelle enseignée dans les écoles de commerce, et d'explorer ses propres voies pour rassembler autour d'elle une communauté d'humains résolus à faire changer les choses. Cette personne aime à dire que ce qui l'anime, c'est de « s'attacher à adoucir la violence et le chaos générés par la transition ». Joli, à l'ère où l'on trouve plutôt des start-up affirmant changer le monde sur la seule base d'une élégante ligne de code... Cette personne, c'est Duc Ha Duong, l'une des figures les plus éclairées de la transition et de l'entreprise horizontale. CEO d'Officience, administrateur de Bayes Impact, co-président d'Etika Mondo, *selection board member* de Station F. : quand le digital croise l'humanisme, c'est là que l'on trouve Duc.

J'étais arrivée en 2018 dans les locaux d'Officience, le nom de l'entreprise d'externalisation de services digitaux créée par Duc et ses associés, presque par hasard : j'avais résolu de profiter d'un congé sabbatique pour aller rencontrer quelques personnes engagées dans la transition environnementale et sociale, et qui faisaient bouger les lignes de l'entreprise. J'avais vu que le nom de Duc Ha Duong revenait régulièrement sur Facebook dans plusieurs commentaires, comme une sorte de référence ; je m'étais abonnée à son fil et m'étais inscrite à l'un de ses « Apéroffys[8] », ouverts à tous pour permettre de

8. Les Apéroffys, mot-valise combinant apéro et Officience, nom de l'entreprise de Duc Ha Duong, sont des moments d'échanges ouverts à « tous ceux qui réinventent les manières d'apprendre et tous les curieux ». Ces moments combinent des temps d'échanges et des présentations de personnes qui ont inventé des bonnes pratiques, des innovations en matière d'horizontalité du travail, de respect de la vie privée ou de la planète, de soutien à l'humain...

partager des *best practices*, des propos innovants ou faire connaître de nouvelles entreprises ou encore des causes. Une porte ouverte rue du Caire, en plein Sentier, donnait sur une petite pièce où s'entassaient une trentaine de personnes de tous âges, beaucoup de *geeks* et différentes nationalités mélangées. Au mur étaient exprimées les 5 causes qui animaient la communauté Officience. Un jeune homme eurasien, qui me parut immense, m'accueillit avec un large sourire, comme si on se connaissait depuis la maternelle. C'était Duc Ha Duong, cofondateur d'Officience. Rand Hindi, le jeune prodige de l'objet connecté, un chapeau sur ses cheveux longs, était venu présenter sa nouvelle solution et parler de la protection des données. C'était la première fois que je voyais une entreprise qui avait si peu l'air d'en être une ; on y soutenait des questions aussi diverses que la danse, pour lutter contre l'excision des femmes au Congo, la manière dont était organisé Hyperloop dans le monde, l'entreprise opale, l'héritage de Bao Dai, l'enseignement du codage... Je demandai à Duc de m'éclairer sur tout ce que je voyais là.

Ce qui fait l'entreprise, c'est le partage d'une cause commune

Duc a le pedigree d'un bon élève, d'un très bon élève, même, une caractéristique que j'ai retrouvée auprès de beaucoup de *change makers* que j'ai fréquentés. Après Centrale, il a débuté une carrière d'ingénieur de haut vol, jusqu'au moment où la pesanteur de la grosse entreprise l'a rattrapé. Il s'est alors lancé dans l'entrepreneuriat en cofondant sa société de services numériques *offshore* au Vietnam. Petit à petit, l'histoire pivote. Duc lit *L'Age de la multitude*[9], de Nicolas Colin et Henri Verdier, puis *Reinventing Organizations*[10] de Frédéric Laloux. Il est conquis par l'idée de la relation horizontale, une relation qui rassemble des gens sous la bannière d'une cause ou d'une raison d'être. Aujourd'hui, il pense comme Alessandro Baricco : ce sont les GAFAM qui coordonnent la multitude. Le modèle de l'entreprise pyramidale est

9. Éditions Armand Colin, 2012.

10. Frédéric Laloux, *op. cit.*

une « fiction légale », une histoire que l'on se raconte. Duc est certain que le pouvoir est en train de sortir des entreprises pour aller au-dehors.

À partir de cette conception rénovée, « faire société sur la base d'une activité partagée », comment recomposer un collectif qui s'appellerait « entreprise » ? Quelles unités reconstruire s'il n'y a plus de « lieu entreprise » ? Avec quel ciment ? Au sortir des confinements successifs, beaucoup de dirigeants d'entreprises se posent la même question : doit-on faire revenir les gens dans les bureaux ou bien y a-t-il d'autres voies ? Duc est en avance sur le sujet : pour lui, ce qui fait entreprise, c'est d'abord le partage d'une cause commune, d'une raison d'être ou d'un rêve partagé. Il a ainsi exprimé les 5 causes qui fédèrent les communautés autour d'Officience, qu'il aime appeler sa « tribu Offy » : contribuer au développement du Vietnam, maîtriser les technologies, faire de l'entrepreneuriat social et du développement durable, partager les connaissances. Mais ces gens qui forment la tribu, qu'échangent-ils, au juste ? Pour Duc, les échanges se caractérisent par 5 flux qui circulent entre les différentes parties prenantes.

La théorie des 5 flux : financier, matériel, émotion, reconnaissance, confiance

Le *flux des biens matériels*, ce sont les flux que l'on retrouve actuellement encadrés et sécurisés sur les plateformes d'échange comme My Troc, Smiile, Pretix... Pour fluidifier les échanges de biens matériels, on a inventé la monnaie. Il y a donc un deuxième flux, qui est un *flux financier*.

À côté de ces flux matériels, il existe 3 autres sortes d'échanges immatériels et non marchands : pour Duc, ce sont des *échanges d'émotion, de connaissance et de confiance*. Ils sont subjectifs, impermanents, ce qui les rend difficiles à traiter dans le cadre de l'économie traditionnelle. Faut-il, pour autant, les laisser de côté ? Bien sûr que non. Ces flux représentent notre humanité. Les laisser de côté, ce serait contribuer à une économie où les humains n'auraient pas leur place, ce qui serait absurde dans la mesure où la définition même de l'économie c'est, selon Duc, « l'ensemble des activités humaines autour de la production d'échanges ». Je retrouve dans les propos de Duc la même conviction que celle que porte Maurice Obadia : façonner une économie autour de l'homme et au service de celui-ci.

Selon Duc, l'entreprise doit également incorporer les 3 derniers flux que sont l'émotion, la connaissance et la confiance. Au XXe siècle, on a créé une culture d'entreprise évacuant les émotions et privilégiant le rationnel. On a, par exemple, demandé aux gens d'être professionnels et de ne pas pleurer au bureau.

Aujourd'hui, une nouvelle culture voit le jour, revendiquée par des entreprises comme Officience, Hopscotch ou sa filiale Sagarmatha, qui font de la prise en compte des émotions un ferment énergétique qui dynamise les entreprises et les organisations.

Pour ce qui est de la connaissance, on voit que les GAFAM et de nombreuses start-up travaillent sur la meilleure manière de nous aider à l'assimiler : les algorithmes, nourris par les derniers apports des neurosciences, adaptent l'information en la fluidifiant pour perméabiliser notre cerveau. Les derniers développements présentés par Snapchat en 2020 (Lenses, Spotlight[11]...) montrent que l'expansion des flux de connaissance et leur design est infinie.

Enfin, les *like* peuvent être assimilés à du partage de confiance, et les flux émotionnels sourdent sous la forme des émojis avec lesquels nous émaillons nos conversations numériques.

11. Les Lenses de Snapchat utilisent la réalité augmentée pour créer des snaps en 3D. Spotlight, lancé en novembre 2020, met en avant des vidéos de 60 secondes repartagées ensuite grâce à un algorithme.

La décomposition du prix du lait, présentée par la marque C'est qui le Patron ?

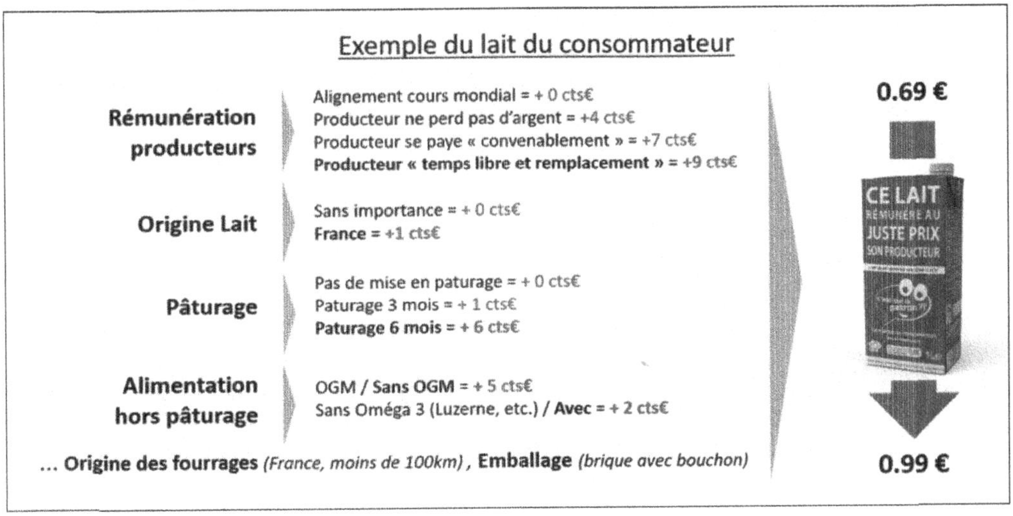

Les nouvelles marques de l'alimentaire responsable donnent une valeur aux flux non marchands, comme « C'est qui le patron ? ». Source : Groupe Hopscotch[12].

Suivant la grille des 5 flux, on peut échanger un flux financier contre un autre flux, de connaissance, de confiance ou d'émotion, et éviter ainsi la mauvaise grille de lecture qui consiste à vouloir passer tout échange à la moulinette du prix le plus bas. Les marques qui valorisent leur responsabilité matérialisent ces flux immatériels et relationnels dans le prix du produit : en achetant un litre de lait « C'est qui le patron ? », on englobe toute une somme de critères que l'on ne prenait pas en compte avant, comme la satisfaction d'avoir rémunéré équitablement le producteur de ce lait, la bonne conscience de savoir que les vaches sont bien traitées, ou encore la confiance dans la traçabilité du produit.

Selon Duc Ha Duong, le management a également intérêt à intégrer les 5 flux. Duc donne l'exemple des bilans de satisfaction collaborateurs chez Officience, où sont posées les questions suivantes :

- Est-ce que tu es satisfait de ton confort financier ?

12. Voir aussi https://lamarqueduconsommateur.com/produits/lait/

- Est-ce que tu es content de ton confort matériel ?
- Est-ce que tu t'es bien amusé ?
- Est-ce que tu as appris des choses intéressantes ?
- Comment se sont développées tes relations interpersonnelles avec tes collègues, tes clients... ?

L'alignement des 5 flux crée de l'intégrité : la *wholeness*

Lorsque ces flux non marchands sont pris en compte dans l'entreprise se crée un alignement de la personne : Duc appelle cet alignement la *wholeness*. La *wholeness*, c'est l'intégrité, l'affirmation d'une unité dans la vie personnelle et dans la vie professionnelle. Finis les coups de Trafalgar dans le business au motif que « c'est le jeu », de la part d'une personne dont les amis nous assurent qu'elle est « adorable » dans la vie personnelle.

Fini aussi de faire croître son business en développant des produits ou des services dont nous ne voudrions pas pour nos enfants. La confiance que nous allons développer dans nos relations professionnelles reposera sur la stabilité de la personnalité de notre interlocuteur. « J'ai le sentiment, confie Duc, que la *wholeness*, l'intégrité de soi, est la clé pour que les entreprises deviennent contributrices, pour que de bons salariés agissent dans leur entreprise en bons citoyens [et cessent la schizophrénie]. »

Avec le premier confinement, il y a eu un coup d'accélération de la *wholeness*. Ainsi, le CEO d'Adobe se fait filmer en visioconférence chez lui, en chemise et pantoufles, pour le Global Summit devant tous ses fournisseurs, et nous avons pris l'habitude de laisser la caméra Teams courir sur nos intérieurs sans prendre la peine de les masquer, quand nous n'effectuons pas nos réunions en berçant notre petit dernier mal réveillé de sa sieste.

Demain, nous créerons des événements *corporate* tout différents : nous remplacerons les shows destinés à montrer la puissance de l'entreprise par des réflexions et des ateliers collectifs invitant tout l'écosystème de l'entreprise à coconstruire et libérer la parole de la novlangue professionnelle.

Qu'est-ce qui rend Duc si sûr de lui ? Au départ, il fait un constat désespéré : « Aujourd'hui, on arrive au bout du gâteau matériel. Il y a un million de Chinois sur la ligne de départ à côté de vous, prêts à tous les sacrifices... On sort du monde mondialisé et il n'y a plus de ressources : *when the game is set to loose, then don't play that game.* » Il y a, dans ce constat, les fondements d'une conception de l'entrepreneuriat à l'européenne : c'est l'apanage des vieilles nations d'accorder du prix à ce qui ne se monnaie pas, à ce qui s'acquiert avec du temps, à ce qui réjouit et renforce l'âme.

Je me mets à rêver d'une troisième voie, d'un entrepreneuriat non darwinien, collaboratif, attentif à la différence de pensée, fonctionnant sur des règles de durabilité et établissant la croissance sur des critères autres que le profit à court terme...

En définitive, à 30 ans d'écart, les convergences de vue entre Maurice Obadia et Duc Ha Duong se sont renforcées, et cela aide l'équipe ALL WRITE à y voir plus clair : l'économie est constituée de flux matériels et financiers, mais pas seulement. Elle est fortement structurée par des flux immatériels (connaissance, confiance, émotion), lesquels sont précieux car ils représentent l'énergie de la vie. Ces flux ne sont aujourd'hui ni exprimés ni quantifiés... Nous devons trouver un moyen de leur donner de l'importance dans nos activités économiques et entrepreneuriales, afin d'ouvrir celles-ci sur des perspectives plus agréables, plus intéressantes et plus responsables.

Notre activité de communicants consiste justement à créer et à enrichir ces échanges matériels et immatériels pour les entreprises dont nous nous occupons, que ce soit avec leurs communautés de collaborateurs ou leurs communautés externes. Mais pour cela, il faut que nous arrivions à rendre ces échanges tangibles.

DE L'ÉCONOMIE DE LA RELATION AU CAPITAL RELATIONNEL

Il est temps pour nous d'arriver à cerner le rôle de la communication dans la relation et d'avoir une conversation avec le cofondateur de l'agence, Benoît D. En temps normal, Benoît est peut-être le plus « relationnel » des membres du directoire. Il arrête régulièrement les collaborateurs de Hopscotch dans la cage d'escalier ou dans le couloir pour les entretenir de ses vues, d'une idée qu'il voudrait développer, d'un *brief* sur lequel il est en train de réfléchir. Il forme ses idées dans l'interaction. C'est un inspirateur ; ses visions ont permis à l'agence de prendre pied, il y a plus de 10 ans, sur le territoire de la responsabilité sociale et environnementale et de recycler nos événements bien avant tout le monde. Il faut dire qu'il s'entoure depuis longtemps d'un réseau d'entrepreneurs engagés sur le plan social et environnemental. La responsabilité de l'entreprise résonne en lui comme une évidence. C'est lui qui nous a présenté Maurice Obadia, et nous imaginons donc qu'il a mûri une pensée sur la relation.

Interview de **Benoît D.** *par* **Laurence M.**

Allez, on allume son ordi, on choisit son arrière-plan. J'opte pour une ville elfique nimbée de mauve.

– Bonjour, Benoît.

– Bonjour à tous, comment ça va ?

– Bien, merci. On a parlé à Maurice Obadia, il nous a raconté que l'économie était, jusqu'à hier, structurée autour de flux financiers et matériels ; aujourd'hui, on ajoute des flux immatériels, lesquels sont beaucoup plus tangibles qu'il n'y paraît : la culture d'entreprise, la fierté d'appartenance, le portefeuille client, la stabilité de l'actionnariat, l'accumulation des expériences consommateurs et, demain, la raison d'être… Et toi, Benoît, l'économie de la relation, tu en penses quoi ?

– C'est une certitude… un changement de paradigme qui met la relation au cœur de toutes les transformations. On en prend conscience en observant les entreprises qui promeuvent leur volonté de se reconnecter avec l'environnement, avec les populations fragiles et, plus globalement, avec l'ensemble de leurs parties prenantes.

– Et comment ça change notre manière de faire de la communication, tout ça ?

– Auparavant, la communication était unidirectionnelle et descendante ; aujourd'hui, elle prend une dimension plus complète en intégrant l'échange. Il ne s'agit plus de s'adresser à des cibles classées par CSP ; il faut cartographier ses publics en fonction de communautés d'intérêt, librement choisies et revendiquées par leurs membres. Il ne sert à rien de pousser une campagne qui met en avant des USP[13] et un prix : il faut engager une conversation avec ses publics. L'objectif des marques est de se faire adopter par leurs communautés et d'apporter une contribution utile par des contenus, des événements…

– Oui, on a parlé à Frédéric…

– Eh bien, donc, les entreprises cherchent à créer des liens et de nouvelles connexions avec leurs collaborateurs, avec leurs partenaires, voire leurs concurrents… La relation entre l'organisation et ses publics est devenue primordiale.

– Pourquoi ?

– Parce que de plus en plus d'entreprises sont interpellées sur des sujets qui étaient rarement abordés auparavant. Internet offre au plus grand nombre la possibilité de nouvelles interactions, et donne accès à des informations qui permettent aux citoyens de se forger un avis sur un produit, sa composition, son procédé de fabrication, sa fin de vie, sur l'entreprise qui le fabrique, sa gouvernance, etc. Le citoyen est aussi consommateur, investisseur, salarié, partenaire… Et ce sont les tiers de

13. *Unique Selling Proposition*, que l'on peut traduire par « argument clé de vente » en français. Dans la communication *traditionnelle*, c'est la seule chose que l'on doit retenir d'une campagne. On apprend, en école de communication, à prioriser les arguments pour n'en retenir qu'un, d'où ce nom.

confiance, les ONG, les associations de consommateurs, les amis, les différents influenceurs… qui sont écoutés. Ici, chez Hopscotch, nous sommes convaincus que les organisations qui réussissent sont celles qui se révèlent capables de créer des relations puissantes et durables avec leurs publics, et que c'est, à long terme, le levier majeur de leur performance économique.

OÙ L'ESSENTIEL DE LA VALEUR D'UNE ENTREPRISE SE SITUE-T-IL ?

– Tu parles de relations durables. Maurice Obadia avait l'air de dire que l'on ne capitalise pas la relation, que tout est sans cesse à reconstruire, comme quelque chose de volatil…

– Je suis membre du bureau de l'Observatoire de l'Immatériel, un *think tank* dont le but est de faire reconnaître et évaluer les actifs immatériels de l'entreprise. Ils ont un chiffre très parlant : au sein du CAC 40, les actifs immatériels représentent 71 % de la valeur boursière (malheureusement, près de la moitié de ces actifs n'est pour le moment pas porté aux bilans des entreprises[14]). Et dans ces actifs immatériels, à côté du capital organisationnel et du capital humain, l'Observatoire de l'Immatériel mentionne un capital relationnel.

– Un capital relationnel ?

– Oui, celui-ci est constitué de l'ensemble des interactions de l'entreprise avec l'extérieur, qu'il s'agisse des clients, des partenaires, des pouvoirs publics, des ONG, des familles, des collaborateurs… Le capital relationnel est d'une nature complexe. Il s'évalue par le regard d'individus divers, qui observent l'entreprise comme un acteur économique, social et sociétal. Ce capital est, par ailleurs, particulièrement volatil, et là, je donne raison à Maurice Obadia. Combien de marques ont vu leur image durablement altérée au gré d'événements plus ou moins graves – une maladresse de communication, un choix contraire à l'éthique, une crise environnementale ?

14. Selon le « Profil financier du CAC 40 » publié par Ricol Lasteyrie Corporate Finance, membre du réseau EY, en 2017.

– Pourquoi ne parle-t-on jamais du capital relationnel? Alors qu'on connaît mieux les deux autres, le capital humain et le capital organisationnel…

– Si le capital relationnel est tout à fait observable, il est particulièrement difficile à mesurer. Il faut le faire avec beaucoup de finesse. À titre d'exemple, le nombre de *like* d'une page de marque sur Facebook témoigne souvent autant du nombre de clients mécontents que d'un véritable lien, créateur de valeur. Aujourd'hui, on est mûrs pour parler du capital relationnel, car il devient plus facilement observable avec l'apport de la *data*.

Point de vue

LE RÔLE PRIORITAIRE DU CAPITAL RELATIONNEL DANS LA TRANSFORMATION DES ENTREPRISES

Voici les définitions des 3 types de capitaux, selon l'Observatoire de l'Immatériel :

» *humain*: tout ce qui relève de l'expérience collaborateurs (l'expérience, la formation, la capacité de direction, les relations interpersonnelles, la motivation, les valeurs, etc.) ;

» *structurel*: tout ce qui reste dans l'entreprise à la fin de la journée (la gouvernance, les processus, les outils et méthodes, les rituels, la propriété intellectuelle, la communication interne, l'organisation, etc.) ;

» *relationnel*: tout ce qui relie l'entreprise à son environnement (les relations avec les actionnaires, les partenaires, les clients, les fournisseurs, la société, la marque, la marque employeur, etc.), ou encore des éléments comme le mythe fondateur, la culture d'entreprise, la fierté d'appartenance à une entreprise ou une organisation, le réseau d'*alumni*, l'engagement des fournisseurs, le portefeuille client, le dialogue avec les ONG et les associations…

Une des propriétés du capital relationnel est qu'il permet d'analyser le degré de transformation des organisations, tout en donnant des directions stratégiques à cette transformation ; il fournit des indications sur les attentes des parties prenantes. Par exemple, les groupes de petits actionnaires, hier invisibles, obligent les grands groupes à s'interroger sur la rémunération de leurs dirigeants. Les consommateurs ont poussé Danone et Oulmès à baisser les prix de leurs produits au Maroc. À la suite de la crise du « dieselgate », Volkswagen a accéléré la transformation de l'entreprise.

Ce sont les Relations Publics[15] des entreprises et des marques qui permettent de créer, d'enrichir, de modifier leur capital relationnel. Elles sont indispensables : aujourd'hui, le savoir-faire et le savoir-être des entreprises ne peut se passer du « faire savoir ». Les démarches de progrès ne peuvent être efficaces que si elles sont partagées. La transformation des organisations n'a de sens que si elle est menée en concertation avec leurs parties prenantes.

Le travail des directions de la communication est plus que jamais au centre de l'échiquier : elles seules peuvent instaurer le dialogue d'égal à égal nécessaire avec l'ensemble des parties prenantes ; la volonté de créer des relations durables et puissantes entre les entreprises et leurs publics doit être au cœur de leur raison d'être. Cela pose, pour chaque organisation, la question des compétences sur tout ce qui a trait aux transitions sociétales. Pour être en mesure d'agir, il faut comprendre, être informé, mobiliser chacun, être capable de s'adapter et, surtout, disposer d'outils de mesure.

– En effet, reprend Benoît, il faut mesurer le capital relationnel pour en faire un indicateur de la performance des entreprises. Si la finalité des organisations est très différente entre une entreprise traditionnelle, un acteur de l'ESS, une ONG, une collectivité territoriale ou une structure académique, cette approche de la valeur par le capital relationnel vaut pour chacun. Moi, je pense que la communication doit devenir le

15. Les « Relations Publics » chez Hopscotch ne sont pas les *relations publiques*, mais les relations avec chacun des publics, d'où l'orthographe assumée.

18e objectif mondial de développement durable[16] : elle est une composante de la transition, tout comme l'éducation, le climat, l'égalité femmes-hommes, la lutte contre la pauvreté.

POURQUOI MESURER LE CAPITAL RELATIONNEL ?

Je reste songeuse : la communication a mauvaise presse de nos jours, elle est souvent accusée de masquer la réalité, de la déguiser, de manipuler l'opinion...

– Donc, tu penses que la communication n'est pas toxique, qu'elle a un rôle vertueux ?

Benoît, déconcerté par la question, me regarde fixement à travers son écran Teams.

– Bien évidemment ! Elle doit plus que jamais aider les entreprises à prouver qu'elle a un impact positif sur la société. Et cet impact s'évalue beaucoup dans les domaines immatériels, en particulier dans les relations que les entreprises établissent avec leurs employés, leurs fournisseurs, leurs clients, les territoires où elles agissent. Non ? Vous ne pensez pas ?

– Si, on le pense. On pense que le capital relationnel pourrait bien constituer le marqueur d'un changement de civilisation, celle qui fait prévaloir la location et l'usage sur la possession de biens, celle qui privilégie les expériences vécues aux achats d'exception, celle qui préfère le partage des connaissances à la culture du secret, celle qui signe une culture ouverte de l'entreprise, axée sur la création de liens et sur la prise de responsabilités... On se dit aussi que cette idée de capital relationnel nous fait quitter le strict domaine de la communication, puisque c'est un actif financier de l'entreprise... Ce qui signifie une chose, Benoît : si le capital relationnel devient un marqueur de la bonne santé et de la valeur d'une entreprise, il devrait pouvoir se mesurer. Est-ce que toutes

16. Selon le site des Nations unies, « les 17 objectifs de développement durable sont un appel à l'action de tous les pays – pauvres, riches et à revenus intermédiaires – afin de promouvoir la prospérité tout en protégeant la planète. Ils reconnaissent que mettre fin à la pauvreté doit aller de pair avec des stratégies qui développent la croissance économique et répondent à une série de besoins sociaux, notamment l'éducation, la santé, la protection sociale et les possibilités d'emploi, tout en luttant contre le changement climatique et la protection de l'environnement ».

ces choses dont tu parles, le mythe fondateur, la culture d'entreprise, la fierté d'appartenance à une entreprise ou une organisation, le réseau d'*alumni*, l'engagement des fournisseurs, le portefeuille client, le dialogue avec les ONG et les associations, etc., ça s'évalue ?

Benoît me regarde d'un air réjoui ; on sent que ma question lui plaît.

– Allez voir l'agence Human to Human. Ils sont en train de travailler sur un « prototype de test » destiné à évaluer le capital relationnel. Vous me direz ce que vous en pensez.

POUR UN OUTIL DE MESURE DU CAPITAL RELATIONNEL

Chez « Human », comme on appelle cette agence pionnière et experte du Web social, chargée de la gestion de l'e-réputation des entreprises, des institutions et des dirigeants, l'ambiance est aussi silencieuse que dans un monastère trappiste soumis au vœu de silence. Les consultants ont les yeux rivés sur les *analytics*, les outils de veille et de visualisation des *data* ; ils prennent quotidiennement le pouls du Web et analysent des milliers de conversations pour comprendre la perception des entreprises et les relations qu'elles entretiennent avec leurs publics. Souvent formés dans les instituts d'études, bénéficiant d'un solide bagage *corporate*, ils possèdent un savoir-faire impressionnant dans l'analyse des données, la capacité à les mettre en résonance et à en dégager les signaux faibles. C'est le versant scientifique de la communication qui s'exprime là : une tour de contrôle répertoriant les flux d'opinion et décelant les dynamiques de crise et d'opportunité à leur commencement.

Philippe A., le manager, un Montpelliérain chaleureux, et Victor B., son consultant en veille stratégique, sont rompus aux audits d'écosystèmes digitaux des entreprises et des organisations. Ces audits sont visuellement éloquents : sur les cartes se déploient tous les liens que les entreprises entretiennent avec l'ensemble de leurs écosystèmes et l'évolution en temps réel de ceux-ci. On prend alors conscience de la vitalité des milieux qui nourrissent une entreprise et que cette dernière alimente. Difficile, lorsqu'on a vu une de ces cartes, d'imaginer une entreprise en autarcie.

Interview de **Victor B.** et **Philippe A.** *par* **Laurence M.**

Je demande à Philippe A. et à Victor B. de m'expliquer comment on peut mesurer des actifs aussi volatils que ceux décrits par Benoît D.

– Mesurer ces actifs immatériels que sont la relation et la réputation est un défi de taille, mais pas impossible à relever, souligne Victor B. Ici, chez Hopscotch, nous avons mis au point un outil pour mesurer l'importance et la qualité d'une relation entre une marque/entreprise/organisation et son ou ses publics : nous l'avons appelé le « *Relation Score* ». Pour le définir, il faut avant tout rationnaliser, objectiver et rassembler nos méthodes de travail pour n'en garder que la substantifique moelle, et pouvoir automatiser et traduire de façon algorithmique un processus que nous améliorons quotidiennement. Et d'abord, tu vois, on répertorie les critères qui qualifient les relations des entreprises avec leurs communautés. Nous, on a retenu une trentaine de critères quantitatifs à partir de données facilement récupérables *via* des outils de *tracking*. On les a regroupés en 3 catégories.

– Si vous voulez entrer en relation avec quelqu'un, il faut d'abord qu'il vous trouve, explique Philippe. Vous devez ainsi vous rendre visible. Nous nous sommes donc attachés à noter *l'émergence* ou visibilité d'une entreprise sur différents canaux. Les marqueurs de la présence d'une entreprise en ligne, qui s'adresse à ses différents publics, sont par exemple son site Web, un espace de recrutement, une *newsroom* et des outils à destination des journalistes, la présence sur les plateformes sociales, le référencement, les espaces de service après-vente, la prise de contact facilitée… Ces critères nous permettent de distinguer les entreprises matures, naviguant aisément d'un canal à un autre, de celles qui délaissent leurs publics.

– À titre d'exemple, explique Victor, dans un débat public de plus en plus prégnant autour des mobilités « douces », et notamment la question des trottinettes électriques en libre accès, Uber se distingue en communiquant de façon proactive et adaptée *via* ses différents canaux... À l'aune des critères que nous avons définis, un autre acteur international, Lime, semble négliger ses prises de parole auprès des publics français : les différentes critiques exprimées à l'encontre de Lime par des particuliers sur les réseaux sociaux ou dans les médias en ligne restent sans réponse...

– Mais être présent sur les réseaux à travers de multiples comptes ne suffit pas, précise Philippe. Si vous voulez créer une relation avec un public, il faut lui parler, initier un dialogue et l'alimenter avec des contenus adaptés. C'est ce que nous avons appelé la « conversation ». Pour la mesurer, nous analysons l'activité des comptes et le type de contenus partagés : combien de contenus sont partagés en moyenne chaque mois ? L'entreprise mentionne-t-elle ses marques, ses dirigeants ? Comment s'adresse-t-elle à ses différents publics ? Différentes stratégies se révèlent ainsi : d'un côté, les marques qui, comme Microsoft, font le choix de la conversation et de l'interaction avec leurs publics ; de l'autre, celles qui pratiquent des « stratégies du secret », comme Apple, et qui, malgré des publications très ciblées sur Twitter, génèrent peu de conversations directes avec leurs publics. On peut également déplorer des opportunités de prise de parole ratées quand des marques, pourtant affinitaires, comme Tipiak (dont les Bigoudènes des publicités télévisées sont quasiment devenues des memes[17]) se manifestent peu en ligne, avec une présence centrée quasi uniquement sur les produits. Au contraire, regarde Picard : cette marque partage des contenus adaptés à chaque plateforme pour interagir avec une multitude de publics.

– Enfin, termine Victor, pour que cette relation s'engage réellement, ce public doit interagir avec la marque ou l'entreprise. Tous ces efforts seraient bien inutiles sans une communauté réactive et enthousiaste. Nous l'appelons donc la « conversion », c'est-à-dire la réaction des

17. Un meme est un élément ou un phénomène repris, décliné et détourné en masse sur Internet, souvent sous forme de parodie, et qui crée le buzz.

publics à ce qui est dit et la densité des interactions entre les parties. La conversion prend en compte des critères quantitatifs (*like*, retweets, commentaires, etc.) et des critères plus qualitatifs (tonalité des mentions Twitter majoritairement positives ou négatives, interpellation sur des sujets sensibles, qualité et influence des parties prenantes mentionnant l'entreprise sur les réseaux, etc.), ainsi que les notes qu'attribuent les publics à l'entreprise dans ses espaces candidats, consommateurs ou SAV[18]. Les marques affinitaires qui sont proches des utilisateurs, comme RATP ou Le Bon Coin, sont mentionnées par un nombre important d'internautes et par des acteurs influents, ce qui génère des réactions positives en ligne. À l'inverse, les entreprises qui peinent à susciter l'adhésion sont oubliées des conversations ou font l'objet de fortes critiques, généralement sans avoir l'occasion de répondre faute de comptes actifs ou de contenus pertinents.

– On comprend qu'il y a une trentaine de critères qui étayent les 3 catégories dont vous parlez, l'émergence, la conversation et la conversion. Mais ça fait beaucoup de critères, alors comment appréhender ces résultats de manière simple ?

– Le *Relation Score* est noté sur 100. Il y a des étalons, chaque secteur a une moyenne. Ainsi, le secteur alimentaire sera plus élevé qu'un secteur technique ou B to B comme l'équipement de la maison. Mais cela dépend vraiment des marques. Si l'on devait définir une moyenne intersectorielle, on la positionnerait autour de 63, avec un minimum autour de 30 et un maximum à 90 et plus.

– Vous en êtes où de votre *Relation Score* ? Est-ce que cela fonctionne ? On peut s'en servir ? le promouvoir ?

– Aujourd'hui, conclut Victor, on a testé la validation de notre *Relation Score* sur une soixantaine d'entreprises. Ce prototype fournit les premiers *benchmarks* permettant aux entreprises de ces secteurs de se situer par rapport à leur marché. Nos pondérations donnent des résultats cohérents, on est mûr pour un passage à l'échelle. En tout cas,

18. Service après-vente.

c'est le premier indicateur qui permet d'évaluer le capital relationnel, il n'en existe pas d'autre à notre connaissance.

Point de vue

QUID *DU* RELATION SCORE *DE HOPSCOTCH* ?

Voici les données analysées par le *Relation Score* de Hopscotch :

» *émergence* : site Web *corporate* (référencement, espace RSE et incarnation des valeurs, espace candidats, espace presse et *newsroom*, possibilité de prise de contact, SAV) ;

» *conversation* : présence sur les réseaux sociaux (quelle plateforme ? quelle activité ? quel usage ? mise en place ou non d'un *chatbot ?...*) ; volume des publications, type de contenus, interactions ;

» *conversion* : réseaux sociaux (taille des communautés, taux d'engagement, nombre de mentions Twitter, interpellations et sujets sensibles, qualité des parties prenantes) ; présence de la marque/entreprise/organisation sur les sites d'avis en ligne (avis des salariés et des candidats, avis des consommateurs, avis sur le SAV).

LE CAPITAL RELATIONNEL, CLÉ DE LA RÉPUTATION DES MARQUES ET DES ENTREPRISES

Nous avons désormais les moyens de mesurer les progrès du capital relationnel pour les marques, les entreprises et les organisations dont nous nous occupons. Comme souvent lorsqu'un métier évolue, il manque un élément : quel est le lien entre le futur et le présent de nos métiers ? Aujourd'hui, le pouvoir médiatique se mesure par le biais d'autres indicateurs : les indicateurs d'image et, surtout, de réputation. Cela veut dire que l'on accorde plus d'attention à l'avis des différentes parties prenantes d'une marque/entreprise/organisation sur cette dernière qu'à la manière dont la marque interagit avec ses publics. Il convient de faire évoluer ces critères dans la tête des communicants, et pour cela, il faut arriver à faire le lien entre réputation et relation.

Cécile G. codirige l'entité Relations Publics de Hopscotch, une des plus importantes agences PR de la place parisienne, à l'ADN profondément digital (Hopscotch est né dans les années 2000 pour soutenir la communication de Yahoo !). Cécile représente un combo étonnant de maestria dans le business et d'amour de la philosophie, une intelligence espiègle et bouillonnante qu'elle a choisi de mettre au service de l'entreprise et de la tech. J'aime beaucoup discuter philo avec elle : ces discussions accroissent toujours l'arbre des possibles. Je lui propose une réunion Teams pour évoquer le sujet, regrettant amèrement la spontanéité des conversations de la cage d'escalier, où naissent si naturellement débats et interactions de toutes sortes.

Interview de **Cécile G.** *par* **Laurence M.**

– Cécile, c'est quoi, pour toi, une bonne définition de la réputation ?

– Bonne question ! Avec nos réflexes de philosophes, on n'a qu'à se reporter à l'étymologie. Elle nous amène au mot latin *reputatio*, qui se réfère à la notion d'évaluation, d'estimation. « Une bonne réputation vaut mieux que de grandes richesses : l'estime des autres est préférable à l'or et à l'argent. » Ça, c'est ce que nous apprennent les textes bibliques : là où il pourrait suffire de peser ou mesurer, il faut encore élaguer, tailler ou nettoyer. Et puis, on peut voir aussi que la réputation est le résultat d'un processus actif. La bonne réputation, c'est le résultat d'un travail bien mené, d'un projet en tension vers une référence idéale, d'une intention qui s'inscrit dans un système de valeurs collectif, ici et maintenant. Il s'agit d'identifier le bon cadre, les bons codes, et non seulement s'y conformer mais en devenir un modèle par l'action, pour avoir « bonne réputation ». Un peu comme pour la renommée : obtenir l'adhésion des autres dans la définition de soi-même, son nom. À l'inverse, la « mauvaise réputation » serait le fait de la maladresse, de l'ignorance des convenances ou du refus assumé des normes en place dans une société… comme dans la chanson *La Mauvaise Réputation*, où Georges Brassens donne voix à un personnage marginal qui refuse de participer à la Fête nationale, s'exposant ainsi à la vindicte populaire. La morale, c'est que « les braves gens n'aiment pas que l'on suive une autre route qu'eux ». Tu savais que la chanson, rendue publique en 1952, a aussitôt été censurée ?

– Non… À l'époque, on ne cherchait surtout pas à être différent, unique…

– Si tu suis notre ami Brassens, la réputation serait une construction populaire qui fait consensus, faisant pencher du bon côté ceux qui suivent le sens commun, sans faire de vagues, tandis que ceux qui n'entrent pas dans ce schéma social hériteraient forcément d'une mauvaise réputation.

– Un outil de formatage social… comme ce que tu me racontais l'autre jour, quand tu citais cette vidéo sur YouTube[19] qui se moquait du conformisme à la sauce bons sentiments des marques pendant le Covid : Uber, Kia, Budweiser, Samsung ou encore Apple ont réalisé les mêmes images émouvantes de leurs équipes souriantes, sur fond de piano et de répétition du mot *together*, en résonance avec notre « tous ensemble » ; à la fin, on avait les applaudissements pour les soignants. Mêmes images, même musique, même final : la bonne réputation, ça se travaille, et il ne s'agit pas d'appliquer des recettes toutes faites car cela ne marche pas.

– Oui, et en plus, la réputation, ça bouge tout le temps : c'est une notion à la fois relative et volatile. La réputation de Harvey Weinstein, longtemps considéré comme le mentor du tout-Hollywood, se résume désormais, sur Wikipédia, à « producteur de cinéma et délinquant sexuel américain » : parce qu'elle est le fruit d'une opinion, une construction sociale ici et maintenant, la réputation se défait aussi vite qu'elle se fait. L'écho

19. « Every Covid-19 Commercial is Exactly the Same », www.youtube.com/watch?v=vM3J9jDoaTA

que les réseaux sociaux donnent aux bons et mauvais choix en fonction de l'air du temps augmente le risque réputationnel pour les personnes, les entreprises ou les marques. Pour répondre à ta question de la définition, « la réputation est la trace de celui qui s'expose, se donne à voir et à entendre. Cette trace, bonne quand elle est maîtrisée, possède une valeur intrinsèque, même si les critères pour l'estimer sont complexes et changeants ».

– D'accord… Alors la communication aiderait les entreprises à se conformer à un idéal social qui bouge tout le temps et dont les réseaux sociaux se font l'écho. C'est ça, la réputation ?

J'étais mitigée. Alors que l'idée de capital relationnel paraissait si fructueuse, étant en conversation permanente avec ses publics, la réputation semblait mettre la marque ou l'entreprise sous domination de ces derniers. Cécile continue le fil de sa réflexion.

– Voilà qui devrait te plaire davantage, et à moi aussi : chez les Romains, peuple de la *fides*[20], le serment ou la parole donnée étaient la condition des échanges marchands et politiques : la bonne réputation n'est ici pas conformiste, elle est conforme à la parole donnée. Cela n'a pas de prix. Et si on considérait que la réputation est une construction qui repose, en communication, sur un pacte pérenne, un lien et un engagement durables entre l'organisation et chacune de ses parties prenantes ?

– Ah, oui ! Voilà qui ouvre des horizons ! La réputation devient une notion constructive…

– Exactement. Construire, développer et protéger la réputation implique d'étudier la relation sous l'angle de ce qu'on connaît déjà, la visibilité d'une marque, le bruit médiatique qui l'entoure, la conversation que permettent les réseaux sociaux, mais surtout, cela nécessite de la conversion, la capacité à générer un engagement et à transformer concrètement le quotidien ou la société. Regarde ce qui se passe en ce moment : les entreprises renouent avec la tradition de la contribution à l'effort de guerre ; elles se souviennent qu'elles font partie d'un collectif

20. En latin, la *fides* signifie la promesse faite, mais aussi le respect de la parole donnée, et enfin la bonne foi.

plus grand, d'une nation. On va se souvenir longtemps de l'intervention de LVMH pour produire du gel hydroalcoolique en lieu et place de ses parfums, ou de la transformation par Decathlon et BIC, avec le concours d'experts hospitaliers, de masques de plongée Easybreath en protection pour les soignants, ou encore du fait que Coca-Cola France aura soutenu l'initiative #JaimeMonBistrot, pour maintenir à flot la trésorerie des cafés et restaurants en leur précommandant des consommations. On l'aura compris, la bonne réputation ne repose pas sur un enjeu de volume de conversation, mais sur la cohérence des paroles et des actes, sur l'authenticité du lien qu'entretient la marque, l'entreprise ou l'organisation avec ses publics.

Ça y est! En construisant la réputation de l'entreprise sur un contrat de confiance initial, Cécile a fait le lien entre notre nouvel indicateur, le capital relationnel, et la réputation de l'entreprise ou de la marque.

ÉVÉNEMENTS MULTI-ACTEURS ET CAPITAL RELATIONNEL

Peu de temps après cette conversation, un mail nous cueille au saut du lit et vient égayer une journée confinée qui ressemble désormais à toutes les autres. Marie-Antoinette G. et Sylvie H. proposent de nous envoyer le point de vue des événements multi-acteurs sur la manière dont le capital relationnel cimente une filière ou plusieurs entreprises dans le cadre de la création d'un temps fort commun. Marie-Antoinette et Sylvie ont manifesté d'emblée beaucoup d'intérêt pour le projet ALL WRITE à son démarrage et l'envie de réfléchir à la communication de demain. Le département des événements multi-acteurs, unique dans le secteur événementiel, est une spécificité de l'agence. Cette *business unit* crée des manifestations rassemblant plusieurs marques ou organisations autour de concepts particuliers, élaborés par l'agence ou d'autres organisations en coproduction avec l'agence. Loin de l'ambiance studieuse de Human to Human, il règne en temps normal dans cette équipe une atmosphère survoltée, que l'on soit dans la phase de conception, de recherche de sponsorings ou de production. Marie-Antoinette est intense et concernée par le monde ; elle aime les gens et les projets qui sont comme elles, engagés et ambitieux. Sylvie aime se définir comme une « do-euse », quelqu'un qui arrive toujours à ce qu'elle veut : sa sérénité et ses qualités d'écoute sont prégnantes au premier contact, et rien ne lui semble jamais difficile. Le Covid et son potentiel de transformations a suscité chez elles de nombreuses réflexions sur leur métier de communicantes. Le ton dynamique de leur mail me met instantanément de bonne humeur, me sortant de la mélancolie diffuse où me plonge l'enfermement.

Le rassemblement des écosystèmes ou l'accélération du capital relationnel des marques et des entreprises

Les festivals, comme le Festival du Film fantastique d'Avoriaz, inventé par Lionel Chouchan en 1966 pour renforcer l'attractivité de la ville, ou le Festival du Cinéma américain de Deauville, font partie intégrante de l'ADN de Hopscotch. Ces derniers, tout comme les événements multi-acteurs du groupe Hopscotch, ont pour point commun de réunir une grande diversité d'acteurs sous une même bannière pour traiter un sujet commun. En effet, dans les deux cas, ces programmes de mobilisation et de communication sur mesure ont l'ambition de créer ou de renforcer les relations entre différentes communautés. Généralement cloisonnées, ces dernières sont à la recherche de conversations et d'expériences partagées pour exprimer leurs visions et les confronter. Ces communautés, constituées d'entreprises de toutes tailles, de start-up, de médias, d'influenceurs, d'associations, de pouvoirs publics, d'écoles ou d'artistes, se rencontrent à plusieurs reprises avant et après l'événement pour consolider leurs liens et échanger leur expertise. En point d'orgue, un grand événement physique et digital, comme « l'Usine Extraordinaire », génère un maximum de retombées médias. Et les liens intercommunautés perdurent dans le temps.

Point de vue

L'USINE EXTRAORDINAIRE, UN ÉVÉNEMENT PRESTIGIEUX POUR RENCONTRER LA NOUVELLE INDUSTRIE

Par Sylvie H. et Marie-Antoinette G.

L'Usine Extraordinaire a réuni plus de 43 000 visiteurs, dont 13 000 écoliers et collégiens, en 3 jours, dans l'optique de faire changer l'image que nous avons sur l'usine : une image cristallisée sur des représentations du XXe siècle, peu en lien avec les réalités du XXIe siècle, où la robotique et l'intelligence artificielle ont investi l'industrie. L'objectif : éveiller la curiosité du grand public et montrer les enjeux de l'usine d'aujourd'hui et de demain (le lien social dans les territoires, l'innovation, l'humain, les leviers de réinsertion, l'ouverture sur le monde...). La fréquentation de publics ultra-qualifiés (ingénieurs, chefs d'entreprise, étudiants, etc.) et plus de 480 retombées médias ont participé à faire connaître le programme à l'international sur les réseaux sociaux. L'Usine Extraordinaire a connu par la suite plusieurs éditions régionales, dont une dans la cour de l'Élysée !

Le développement business au rendez-vous

L'Usine Extraordinaire, manifestation d'exception, a permis de créer de nombreuses opportunités médias et/ou business : à titre d'exemple, AddUp, fruit de la joint-venture de Fives et de Michelin, qui s'est associé à l'entreprise Carmat pour l'accélération du développement d'un cœur artificiel, a bénéficié d'une exposition médiatique inédite lors des 4 jours d'exposition. Plus de 13 ministres, dont le Premier ministre Édouard Philippe, ont parcouru les allées du Grand Palais et se sont exprimés sur les différentes démonstrations. Cette exposition médiatique a également bénéficié à de petites PME telles que La Compagnie Dumas, une soufflerie de plumes pour oreillers. Cette dernière a récemment adapté son savoir-faire de la literie pour hôtels de luxe à la création de masques personnalisés anti-Covid-19, destinés à de nombreuses entreprises, dont Hopscotch Groupe.

On peut également citer l'exemple de Sanofi, qui a présenté pour la première fois, dans le cadre de l'Usine Extraordinaire, avec ses partenaires technologiques et industriels Accenture, Altran, Boston Consulting Group, Engie, Infosys, Microsoft et SAP, un parcours expérientiel et immersif au cœur de son « Usine du futur ». Plusieurs mois intensifs de coconstruction et de collaboration ont permis de constituer un parcours de 11 expériences pédagogiques autour du digital avec des « jumeaux numériques », de la réalité augmentée, des salles de contrôle optimisées, des robots collaboratifs, de la réalité virtuelle et des machines apprenantes grâce à l'intelligence artificielle. Depuis, ces synergies vertueuses et l'envie de créer de la valeur collectivement ont inspiré 4 leaders de l'industrie pharmaceutique, Sanofi, bioMérieux, Novasep et Servier, pour lancer un Campus Biotech, afin de proposer une formation de pointe aux futurs apprenants.

Les programmes multi-acteurs, accélérateurs de connexions multiples

Les programmes multi-acteurs tels que l'Usine Extraordinaire réunissent des communautés qui ne collaboraient pas – ou peu – avant, et qui vont, à cette occasion, travailler en réseau pour mettre en commun leurs compétences. Avant l'Usine Extraordinaire, cela avait été le cas, notamment, du dispositif Solutions COP21, qui avait mobilisé et exposé les solutions portées par la société civile pour lutter contre le changement climatique[21]. Dans ces deux programmes conçus et produits par Hopscotch, le lien était également nourri à distance *via* une plateforme digitale et une présence active sur les réseaux sociaux.

21. La manifestation de l'Usine Extraordinaire s'est déroulée au Grand Palais du 22 au 25 novembre 2018.

Autre événement multipartite, la REF[22] constitue aussi une référence intéressante. Ce projet a permis de déployer la mécanique nécessaire pour augmenter le capital relationnel de Hopscotch. Dans un premier temps, un atelier d'intelligence collective avec les membres de la direction générale, de la direction événementielle, de la communication du MEDEF et plusieurs experts Hopscotch issus de la division événementielle, a refondé l'événement des Universités d'Été du MEDEF en vue d'une édition rénovée pour 2019. Cette session a permis de définir le positionnement du nouvel événement et de préciser son format. À l'issue de cet atelier, nous étions en possession de renseignements précieux sur les retours d'expérience des éditions antérieures, mais aussi sur des *insights* d'organisation, informations essentielles mais qui ne sont jamais communiquées dans les *briefs*. Le nom aussi a été changé, et la fameuse Université d'Été est devenue la REF.

Cette nouvelle formule événementielle a donné l'occasion de s'adresser à la communauté des décideurs (les 2/3 des visiteurs occupaient des fonctions dirigeantes au sein de PME, de fédérations, d'ETI ou d'entreprises du CAC 40), leur proposant, durant 2 jours, de venir écouter à l'hippodrome Paris-Longchamp des conférences enrichissantes, avec des intervenants de tous horizons. On leur offrait aussi l'occasion de créer de nouvelles relations, le tout dans une ambiance détendue de retour de grandes vacances. Le retour sur investissement de la REF version 2019 a été excellent, les indicateurs étaient au vert : fréquentation accrue des visiteurs, des entreprises partenaires, des différents intervenants, des journalistes, taux de satisfaction de 91 %...

Forte de son succès, la REF version 2021 – qui s'est déroulée pour la deuxième fois dans un contexte de Covid – a même été l'occasion de lancer un Forum de la Francophonie économique, prolongeant ainsi l'événement d'une journée : 31 délégations, avec près de 600 chefs d'entreprise, 1 chef d'État, 12 ministres étrangers (dont 2 premiers ministres) et 20 ambassadeurs se sont rendus à cette première édition de la REF francophone.

22. Rencontre des entrepreneurs de France.

Au total, durant 3 jours, la REF 2021 a réuni plus de 8 000 personnes à l'hippodrome de Paris-Longchamp, dans une ambiance d'autant plus festive que ses visiteurs étaient heureux de se retrouver après les différents confinements dus au Covid. Le salon « Rencontres d'Affaires », espace de *networking* nouvellement instauré, a remporté un franc succès.

Un événement tel que la REF s'avère précieux pour enrichir le capital relationnel du MEDEF et son écosystème, grâce aux échanges que nous avons créés sur des thématiques comme la neutralité carbone, la transformation numérique, la finance responsable. Les temps de détente partagés dans une ambiance champêtre jouent aussi un grand rôle : barbecue les pieds dans l'herbe, concert... Ces instants ont largement contribué à augmenter le capital relationnel intercommunautés.

Quand l'union fait la force

La force des programmes multi-acteurs, c'est aussi leur capacité à partager des contenus, des solutions, et à créer l'adhésion à un programme d'actions. Ces nouveaux « nénuphars relationnels » seront générateurs de valeur ajoutée tant qu'ils seront entretenus et stimulés. Il est à noter que les grandes entreprises ont bien compris, à l'occasion de la REF, notamment, l'intérêt de mutualiser leur communication sur des thématiques communes pour augmenter leur retentissement. Par exemple, les sociétés qui ont composé l'espace sur la neutralité carbone (Schneider, Engie, Suez...) ont bien vu la nécessité de porter ce sujet majeur à plusieurs voix pour mieux le faire entendre.

Le fait de clôturer la REF 2019 par un geste final fort, en rassemblant plus d'une centaine de grandes entreprises sur une même scène afin de signer un « Climate Pledge[23] », a permis à ces entreprises de réaffirmer d'une même voix la nécessité de changer collectivement de cap,

23. Appel à l'action lancé à l'origine, en 2019, par Amazon US et d'autres entreprises, inquiètes de la régression de l'administration Trump sur la lutte contre le réchauffement climatique, pour mobiliser les entreprises autour d'un objectif commun : atteindre le zéro carbone en 2040. À leur suite, de nombreuses entreprises en France et dans le monde ont repris cet appel.

d'accélérer l'innovation et la R & D à travers leurs investissements dans des solutions « bas carbone », et d'engager une baisse drastique des émissions de gaz à effet de serre.

L'engagement renouvelé des entreprises sponsors de la REF, les années suivantes, démontre bien la force du lien qui unit le MEDEF à ses partenaires historiques, ainsi que la pertinence du nouveau concept. En effet, cette rencontre, proposée en format hybride en août 2020, a permis de faire venir plus de 4 450 visiteurs uniques sur site, et a généré plus de 114 millions de vues sur Twitter. En plein Covid, les communautés ont ressenti plus que jamais la nécessité de se retrouver dans le respect des règles sanitaires.

Cette capacité d'adaptation rapide et efficace d'un événement physique, en format hybride ou digital, permet de reposer des liens forts entre les communautés, pour leur proposer une expérience et des contenus adaptés à la situation. Dans certains cas, ces programmes peuvent peser dans le débat, et même faire évoluer la position des pouvoirs publics français et internationaux ainsi que celle de l'opinion. Aujourd'hui, on se rend compte que les entreprises prennent davantage la parole par secteurs et rassemblent davantage leur écosystème. Ces programmes en réseau sont plus que jamais d'actualité, à une époque caractérisée par l'émergence des crises écologiques, financières ou sanitaires. La mise en place de systèmes coopératifs et collaboratifs est et restera une des conditions majeures de la réussite.

Ce témoignage raconte une nouvelle manière, plus collective, de faire de la communication. Mais cela existe depuis longtemps (on pense à La Foire de Paris, au Salon du Chocolat, etc.). Certes, soutiennent Marie-Antoinette et Sylvie, mais il y a des différences.

- Ces événements sont plus forts lorsqu'ils sont portés par des causes comme la modernisation de l'industrie, les solutions climat... parce que le terreau de l'écosystème est alors plus fertile ; viennent s'y greffer les écoles, les universités, les associations et tout un tas d'acteurs qui ne communiquent pas ensemble en temps normal.

- L'attention portée à la création de liens est particulièrement forte ; les connexions y sont favorisées et désignées pour être le plus productives possibles : espaces dédiés, ateliers en commun, propositions d'actions, suggestions business… Il y a fort à parier que le livre blanc en fin de session se verra remplacé par de véritables plans d'action, lesquels viendront donner encore plus de corps au capital relationnel.
- L'époque justifie le regroupement de communautés disparates qui ont des intérêts communs : financiers grâce à l'économie d'échelle réalisée, d'image par la puissance médias décuplée, stratégique pour avoir plus de poids dans les échanges entre parties prenantes.

L'EFFICACITÉ DU CAPITAL RELATIONNEL À L'ÉPREUVE DE LA CRISE

Une des vertus du capital relationnel, à ce que l'on nous raconte, serait de protéger les marques et les entreprises en temps de crise. Et la crise, justement, nous sommes en plein dedans.

– Ce serait bien, remarque un membre de l'équipe ALL WRITE, de savoir comment nous, qui soutenons cette idée du capital relationnel, qui la mettons en pratique au quotidien, nous avons bénéficié de ce capital relationnel pendant cette période.

– Oui, souligne Saad R., surtout que nous sommes impactés au premier rang de cette crise. Qui pourrait nous en dire un peu plus ?

Celle qui pourrait en parler est en relation quotidienne avec les écosystèmes de l'agence. Directrice générale adjointe chez Hopscotch et membre du directoire chez Sopexa, Valérie B. est présente depuis la fondation du groupe. Très parisienne, Valérie revendique pourtant avec chaleur ses racines terriennes : c'est une remarquable *foodies* qui aime les produits du terroir et la convivialité. Elle a été pendant longtemps la seule femme dans l'équipe de direction, avec toute la fermeté et l'esprit de suite que cela suppose. Rien d'étonnant à ce qu'elle se donne en permanence de nouveaux défis dans le groupe, passant d'un métier à l'autre dans l'événement et les Relations Publics.

Aujourd'hui, outre la stratégie d'internationalisation de Sopexa, elle s'occupe du développement et de la communication du groupe.

Interview de
Valérie B.
par
Laurence M.

– D'abord, attaque directement Valérie B., c'est bien normal que le capital relationnel soit né ici. C'est une vision qui ne pouvait émerger que dans un groupe comme le nôtre. Nous avons été les premiers à associer l'événementiel à sa caisse de résonance, les Relations Publics. Quand les RP s'associent à l'événement, deux objectifs se rencontrent: la multiplication des communautés et la diffusion des messages. On entre en conversation, on permet la spontanéité. Cependant, cette approche, on ne la formalisait pas... Nous avions l'habitude d'organiser de multiples formats événementiels pour maintenir le lien avec nos clients. On a cette culture d'accueillir, de recevoir. En 2015, nous avons décidé de regrouper toutes les agences du groupe dans un seul bâtiment; en voyant la diversité des gens qui venaient, en établissant un calendrier éditorial des événements que toutes les agences organisaient pour leur environnement tout au long de l'année, nous nous sommes rendu compte de l'étendue et de la diversité des communautés qui gravitent autour de Hopscotch... Le Festival du Cinéma américain de Deauville que nous organisons, par exemple, est un temps précieux qui nous permet de rassembler notre écosystème. Mais ce n'est pas le seul temps fort de l'agence, loin de là. Nous avons 2 à 3 événements par semaine. C'est encore plus vrai aujourd'hui avec le studio TV que nous avons créé pendant le confinement, et qui attire encore plus de publics. Lorsque je regarde la *social map* de Hopscotch, je la vois prendre vie dans cet immeuble.

L'écosystème du Groupe Hopscotch

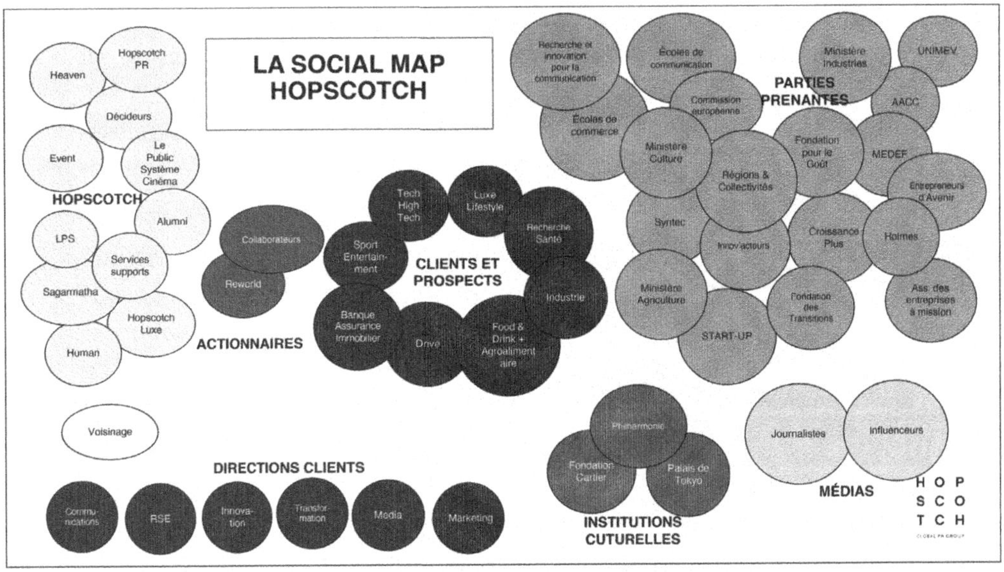

L'écosystème du Groupe Hopscotch : un nénuphar de communautés permettant au groupe de puiser les ressources de son développement. Source : Groupe Hopscotch.

L'IMMEUBLE PARISIEN DE HOPSCOTCH EST L'INCARNATION DU CAPITAL RELATIONNEL

– En effet, nous aussi, avant le Covid, nous vivions au milieu d'une effervescence constante de l'immeuble. Crois-tu que les clients dont tu t'occupes font le lien entre cette vitalité, cette convivialité qu'ils vivent au quotidien, et le capital relationnel ?

– Ils feront de plus en plus la relation au fur et à mesure que nous diffuserons ce concept. Cette approche du capital relationnel, comme toute approche novatrice, demande de la pédagogie, comme toute approche novatrice. Cela fait un petit moment que l'on parle de notre approche de la communication : elle résonne auprès des directeurs marketing, qui ont besoin de donner du sens à leur expertise, et des directeurs de la communication, dont l'enjeu est de transformer le plan stratégique de l'entreprise en énergie mettant en mouvement tous leurs publics.

Et lorsque ceux-ci veulent commencer à appliquer le capital relationnel dans leur entreprise, je leur recommande de commencer par une *social map* afin d'identifier leurs potentiels partenaires, leur écosystème, et d'évaluer la pertinence des futures interactions qu'ils souhaitent créer. Les marques et les entreprises se rendent compte alors de leurs ressources insoupçonnées et élargissent leurs publics, jusqu'à trouver parfois de nouveaux investisseurs.

LE CAPITAL RELATIONNEL, À LA FOIS TAPIS D'AMORTISSEMENT ET TREMPLIN DE REBOND PENDANT LA CRISE

– Nous nous demandions si la crise que nous traversons nous a permis d'éprouver ce concept de capital relationnel et si, réellement, celui-ci a protégé Hopscotch, et en quoi ?

– La crise que l'on vit ces derniers mois a été probante : nous avons observé une cassure nette du flux relationnel. Ce sont d'abord les collaborateurs qui ont été affectés par notre situation : devoir fermer soudainement les bureaux, demander à chacun de s'organiser, maintenir le lien par des communications que l'on a voulu régulières par vidéos ou e-mails, a été un enjeu prépondérant. Nous constatons un fort engagement de la part de nos collaborateurs, et leur réponse a été impressionnante malgré une phase douloureuse de sidération. Grâce à eux, nous avons très vite pu réagir : créer de nouvelles offres en moins de 10 jours, appeler immédiatement tous nos clients lors de la crise pour prendre de leurs nouvelles... Beaucoup de nos clients nous ont également appelés, ils se sont inquiétés pour nous. Parce que nous entretenons soigneusement notre capital relationnel, nous sommes très proches de nos clients, et cela nous a permis de conserver un lien de confiance.

– Et avec votre réseau de *freelances*, de partenaires, fournisseurs, médias, associations... ?

– Nous avons également appelé tous nos *freelances*, partenaires et fournisseurs ; le CoDir a demandé à l'ensemble du groupe de veiller au règlement rapide des factures. Nous nous sommes aussi investis auprès de nos organisations professionnelles comme l'UNIMEV, lesquelles ont pris le relais auprès du gouvernement pour négocier des aménagements spécifiques à la filière. Enfin, dès le début de la crise, nous avons pu annoncer un partenariat capitalistique avec Reworld Media, le leader français des médias thématiques, afin de mutualiser nos savoir-faire et événementialiser leurs communautés. Reworld s'est manifesté très rapidement, avec l'ambition de devenir beaucoup plus fort sur le volet événementiel. Côté Hopscotch, notre filière était sous tension et pivotait déjà vers la maîtrise des enjeux *data*, car nos clients ont besoin de plus de récolte et de traitement des *data* liées à leurs temps forts : les données promettent de redonner de la puissance aux événements, avec des retours sur investissement nécessairement plus clairs. Ce mouvement prompt entre Reworld Media et nous a été possible parce que Reworld était déjà présent dans notre écosystème : nous avions construit de la connaissance, de l'estime et de la confiance avec eux.

– Tu parles de la manière dont la *data* va remettre l'événement au centre du système relationnel. D'une manière générale, la crise a-t-elle donné une opportunité à l'événementiel pour redéfinir son utilité et son rôle ?

– Nous recevons des signaux de plus en plus réguliers de nos clients. Nous avons potentiellement une seconde partie de vie qui se dessine. La crise a donné du relief à nos métiers : la relation est au cœur des questionnements. Je ne parle pas de l'événement, mais de ce que nous appelons « Global PR », c'est-à-dire tout ce qui nourrit et fait grandir la relation avec nos communautés. Il est certain que nos métiers ont totalement évolué ; il faudra replacer notre credo du capital relationnel dans ce cycle de transformation qui fait de la *data* et du digital des composantes essentielles de la dynamique relationnelle.

SUM UP

Les économies du futur reposent sur le développement de l'économie de la relation. L'économie de la relation représente 70 % de la richesse d'une entreprise : on l'appelle le « capital relationnel ». C'est le mythe fondateur, la culture d'entreprise, la fierté d'appartenance à une entreprise ou à une organisation, le réseau d'*alumni*, l'engagement des fournisseurs, le portefeuille client, le dialogue avec les ONG et les associations... Certains *change makers*, comme Duc Ha Duong, le présentent un peu différemment : à côté des flux matériels, il existe en effet 3 autres sortes d'échanges immatériels et non marchands : l'émotion, la connaissance et la confiance. Ces échanges sont subjectifs, impermanents, ce qui les rend difficiles à traiter dans le cadre de l'économie traditionnelle, mais ils permettent d'identifier la valeur immatérielle d'une relation.

Aujourd'hui, le capital relationnel de l'entreprise devient un indicateur de performance sur la capacité de celle-ci à nouer des liens pérennes avec ses parties prenantes. Et nous sommes en train de trouver, avec nos clients, les indicateurs de cette performance : émergence, conversation et conversion (entendue au sens d'interaction).

Enfin, le capital relationnel rapproche la marque des réalités de l'entreprise et dissout l'écran superficiel qui a été, pendant des décennies, l'art de la publicité. Les métiers de la communication sont en train d'évoluer pour construire et préserver la qualité des liens qui unissent l'entreprise à son écosystème, et permettront aux marques/entreprises/organisations de trouver des relais, d'innover ou de s'adapter plus facilement.

On peut d'ores et déjà voir à l'œuvre la communication fondée sur la relation dans les manifestations multi-acteurs, lesquels rassemblent les ingrédients indispensables au changement de paradigme : mobilisation pour une cause, diversité des acteurs qui se complètent les uns les autres, design relationnel, création d'initiatives et de business en commun, et mesure des relations créées.

6 LA RELATION À L'ÈRE DU DIGITAL ET DE L'INTELLIGENCE ARTIFICIELLE

AIR DU TEMPS

Par Flora L. : mai 2020

En ce mois de mai 2020, le monde confiné rêve de plages, de sable fin, de découvertes, de voyages. Pourra-t-on partir en vacances cet été ? Pour le moment, les seules vagues que l'on entend sont celles de l'épidémie. Malmenés par un premier pic violent de contaminations, les Européens s'attendent à une seconde rafale. Alors que le personnel médical reprend son souffle, les laboratoires pharmaceutiques sont à pied d'œuvre pour mettre au point un vaccin salvateur. Les Français, quant à eux, profitent d'un déconfinement feutré à partir du 11 mai. Les gouvernements scrutent attentivement les chiffres de contaminations au Covid-19 avant de prendre de nouvelles mesures. Le nombre de guérisons augmente au niveau mondial mais l'on reste très prudent : la route vers la convalescence et l'insouciance est encore longue. Le dicton « En mai, fais ce qu'il te plaît » ne nous a jamais paru aussi inapproprié.

Pour l'heure, le monde est en proie aux *fake news*, fausses informations qui prolifèrent sur les réseaux sociaux au sujet du virus et des actions gouvernementales. Rappelé à l'ordre par Twitter pour avoir lui-même publié de fausses informations, Donald Trump menace de fermer les réseaux sociaux. En réponse à cette désinformation massive, de nombreuses initiatives et espaces de *fact-checking* voient le jour pour tenter d'éclairer des populations qui réclament pédagogie et transparence. On cherche à comprendre un phénomène qui nous dépasse.

Le joli mois de mai a le goût amer de l'injustice. La France de la « première ligne », travailleuse acharnée aussi essentielle qu'exposée au virus, souffre. Des personnalités du monde de la culture, comme l'acteur Vincent Lindon, dénoncent une montée criante des inégalités et de la pauvreté, précipitée par la crise sanitaire... Les secteurs de la restauration, du tourisme et de la culture sont à l'arrêt. En France, on redoute le décrochage scolaire des élèves en difficulté, souvent mal équipés en outils numériques et en perte de motivation.

Scandale : le 25 mai, George Floyd, un homme noir de 46 ans, meurt d'étouffement lors d'une interpellation violente par des policiers blancs à Minneapolis, aux États-Unis. La scène, filmée, provoque l'indignation dans de nombreux pays et donne lieu à d'incessantes émeutes. Les projets de vacances sont bien loin, et le monde, au printemps 2020, a d'autres préoccupations que les plages de sable fin d'Amérique latine, devenue alors le nouvel épicentre de l'épidémie.

LA RELATION À L'ÈRE DU CORONAVIRUS

La relation dans la vraie vie a-t-elle un avenir ?

>>> Par Cécile G.

« Tout le malheur des hommes vient d'une seule chose, qui est de ne savoir pas demeurer en repos dans une chambre[1] », regrettait Pascal. Y aurait-il du bon dans la situation qui nous enferme aujourd'hui ? Le confinement devrait non seulement nous protéger de la contamination du coronavirus, mais aussi nous rendre plus heureux. Nous le pressentons, cette crise ouvre un nouveau paradigme, qui parle de notre nature d'animal social. Certains télétravaillent, d'autres travaillent du chapeau devant la télévision ou les écrans en général, certains encore bravent le danger pour faire leur travail. L'activité professionnelle s'ajuste chaque jour en fonction des possibilités et des valeurs de chacun, avec l'accompagnement d'un État protecteur et en même temps pris de court. On applaudit chaque soir les soignants, dont la mission, dans un pays autrefois respecté pour son système de santé, est devenue un défi.

On s'éloigne. En Italie, un homme a construit un disque de 9 mètres de diamètre autour de lui pour sortir dans la rue. Dans un pays tactile, où le geste appuie la parole, c'est l'hécatombe. En France, les élections et événements sont annulés ou reportés, les salles de spectacle, les cinémas et les jardins sont vides. Les vitres sont de mise devant les caisses des supérettes, les livreurs déposent les paquets dans les ascenseurs, et l'on achète encore sa baguette à 1 mètre – 1,50 mètre – du voisin, une attestation en poche. Il s'agit de se mouvoir dans un rayon de 1 kilomètre, alors que les Français parcourent en moyenne 400 kilomètres par semaine selon le Forum des Mobilités.

***

1. *Pensées* (1669), Gallimard, 1995.

Le 11 mai arrive. Les collaborateurs de Hopscotch reprennent progressivement le chemin de l'agence. On pouvait s'attendre à une explosion de monde dans les rues parisiennes, mais non. À son bureau, Fiorella P., l'étudiante italienne en mode qui accueille les visiteurs (après pose du masque, désinfection et indication de la circulation dans un sens giratoire), est pâle comme la mort. Elle m'annonce avec un sourire mélancolique qu'elle est restée confinée seule, dans son studio, loin de sa famille, sans voir personne pendant 2 mois : « C'était dur, mais c'est comme ça », murmure-t-elle simplement. *Idem* pour Sophia E.A., une jeune consultante digitale mi-britannique mi-marocaine. Sa famille est loin et elle a passé tout le confinement seule dans son studio. Elle avait juste un carré de soleil qui entrait sur la moquette. Ça lui fait bizarre de revoir du monde, elle appréhendait la rentrée :

– Pourquoi ? En plus si quelqu'un est familier des outils digitaux, c'est bien toi !

– Ça n'a rien à voir. Quand tu as quelqu'un en vrai devant toi, il y a quelque chose d'énergétique, de puissant, tu t'adaptes à lui, tu synchronises ton comportement. Une présence virtuelle est moins puissante, plus contrôlable, moins engageante. À force de ne plus voir personne, tu as un peu peur de te remettre à voir du monde, à remettre en route tout le jeu social.

Nous y voilà. Le diagnostic porté par Alessandro Baricco se révèle : l'appel de la facilité qui évacue l'intensité humaine. « Il y avait quelque chose dans le Game qui semblait vider l'expérience humaine de ses raisons les plus élevées, complexes ou mystérieuses, ramenant tout à un système simplifié qui contournait l'effort, réduisait le poids réel des faits et choisissait des solutions aussi mystérieuses que rapides [...]. Le Game semblait voler l'âme du monde. Il paraissait en proposer une version laïque, fonctionnelle et ludique à l'usage de ceux qui ne voulaient pas trop se fouler[2]. »

2. Alessandro Baricco, *op. cit.*, p. 184.

QUI A PEUR DU DIGITAL ET DE L'INTELLIGENCE ARTIFICIELLE ?

Le Covid donnera-t-il raison à « cette intuition [qui voyait] dans le Game une dangereuse migration durant laquelle l'âme du monde et la noblesse de l'expérience se perdaient[3] » ? Viendra-t-il soutenir les détracteurs du numérique et leur procès en sorcellerie (désocialisation, désertification des villes, destruction des commerces et des emplois, fuite des richesses vers Shenzhen, la capitale chinoise du numérique, ou San Francisco...) ? Une des premières visites IRL (*In Real Life*, terme barbare mais adapté à l'époque pour dire « en chair et en os ») de l'équipe ALL WRITE est pour Alexandre V.E., le directeur des stratégies créatives de Sopexa, et Thomas F.

Passionné de marketing et de communication, le parcours d'Alexandre dans de multiples métiers de la communication (PR, *branding*, digital) en fait un de ces fameux moutons à cinq pattes très recherchés par les agences, et un interlocuteur de choix quand il s'agit d'éclairer une prise de hauteur métier ; son naturel extraverti rend toute conversation riche d'enseignements. Thomas est également d'un naturel passionné. Jamais un directeur digital ne se sera montré aussi loin de l'image que l'on peut avoir d'un « tech » intraverti. Tout l'interpelle, tout le concerne, sa culture s'étend à tout : histoire, agriculture, architecture, mathématiques et sciences, gastronomie, littérature et mille sujets éclosent en permanence dans les conversations, toujours animées, que l'on tient avec lui. Un brin provocateurs, puisque nous parlons à des *digital natives*, nous commençons la conversation par la mort annoncée de la relation dans la vraie vie.

3. *Ibid.*, p. 185.

Interview de **Alexandre V.E.** et **Thomas F.** *par* **Laurence M.**

– Tu ne peux pas nier que le digital fait peur. Même l'opinion populaire s'est fait le reflet de cet effroi, souligne Alexandre V.E. Le néologisme « ubérisation » est devenu un adjectif commun, qui ajoute la paupérisation à la numérisation. Les taxis critiquent la précarisation, les libraires l'intégration des services, les hôteliers la désintermédiation, les avocats l'exercice illégal du droit...

– Pourtant, pendant le Covid, on a fait un saut plus profond dans la digitalisation de la société. On s'est tous mis à Teams ou à Zoom... Et je n'en connais pas beaucoup qui n'ont pas « e-commercé »...

– Oui, je ne te dis pas que des progrès immenses n'ont pas été accomplis et même décuplés pendant la période : gain de rapidité, d'efficacité, de sécurité, de productivité... Internet n'est plus un réseau auquel on se connecte depuis une pièce et un ordinateur dédiés, en attendant que la connexion s'établisse ; il a muté, il est maintenant partout, interconnecte tout presque de façon magique, « une énergie qui nous entoure et nous pénètre » : la connexion est permanente, multiplateforme, presque *naturelle*... Mais en fantasme, ce digital tout puissant devient aussi menaçant qu'un ennemi réel : surveillance et contrôle permanents, fuite des données, techniques mal maîtrisées... Le droit à la déconnexion, aux *ads* et *cookies blockers*[4], et la volonté d'être *off the grid*[5] ou sous le radar font de plus en plus d'adeptes, et rendent de plus en plus de personnes méfiantes à l'égard de la communication. Et avec l'arrivée de l'intelligence artificielle, c'est pire : le *big data* fascine et terrifie. La relation avec un robot n'est pas pour demain !

LE DIGITAL : AMI OU ENNEMI DE LA RELATION ?

– On ne peut pas avoir une relation avec un robot ? Euh... je parle d'une relation intéressante, comme dans *Her*, le film de Spike Jonze.

– Tout dépend ce que tu appelles « intéressante ».

4. Bloqueurs de publicités et de cookies.
5. Sans connexion aux réseaux.

– Un échange d'informations et d'énergie, tenté-je en me rappelant la définition de Maurice Obadia.

– De l'information, tu vas en avoir à foison, et même parfaitement adaptée à ton profil et à tes attentes, avec l'IA. Quant à l'énergie… si ta manière d'entrer en relation, c'est de projeter tes propres attentes sur l'autre, tu seras moins déçue par une IA ou même un *bot*, intervient Thomas.

– Ah bon, Thomas, tu penses qu'une relation purement digitale peut-être satisfaisante ? Si la relation est, comme tu le dis, pure projection de ses attentes sur l'autre, on peut aller dans ton sens : c'est un peu comme ces histoires de prisonniers ou d'amoureux, tu sais, comme le baron de Trenck[6], séparé pendant 20 ans de son amoureuse et brûlant pendant toutes ces années d'un feu ardent ; quand il revoit Anne-Amélie de Prusse dans la vraie vie et que tout redevient possible… pffuit, tout s'envole.

– Ben non, bien évidemment, on ne pense pas cela, reprend Alexandre. Ton économiste de la relation a raison. Une relation peut se nourrir un temps de ta seule énergie, mais à un moment on a besoin de l'énergie de l'autre, pas juste d'une prestation relationnelle bien exécutée… Ce que je voulais dire plutôt, c'est que le digital n'est rien sans individus. C'est un vecteur, un tuyau, un lien. Le digital ne crée pas la relation. Parfois, c'est facile de l'oublier si on s'en tient aux aspects techniques, au rendement.

LE DIGITAL NE CRÉE PAS LA RELATION

– Je vois ce que tu veux dénoncer, quand on emprunte les habits de la relation mais qu'il n'y a pas de relation. Qui n'a pas reçu de mail le félicitant du bon achat d'un produit qu'il a fait, l'invitant à regarder les promotions à venir alors que, en parallèle, aucun contact ne permet de joindre la marque en cas de problème et que tous les mails sont des *auto reply*… On est pollués par ces ersatz relationnels !

6. Né en 1726 et mort en 1794, le baron Frédéric de Trenck eut la mauvaise idée, à 20 ans, de poser les yeux sur la sœur de Frédéric II de Prusse, Anne-Amélie et d'en tomber éperdument amoureux. Moyennant quoi, le despote éclairé le fit enfermer de 1745 à 1763. Trois fois, il s'évada de forteresses imprenables, trois fois il fut repris. En 1787, il put revoir une dernière fois la princesse.

– Ahah ! On sent qu'il y a du vécu derrière. Oui, ça nous énerve parce que ces fausses relations passent à côté du sens même de ce qu'est une relation : ce que la sociologie contemporaine analyse sous un prisme très large au travers des symboles, des formes de communication, des structures, de l'action, d'une fonction ou d'une autre, etc. Avec le digital, la connaissance de l'individu est améliorée grâce à la *data* prélevée, analysée et utilisée, avec pour finalité de rapprocher deux entités. *Mais s'il n'y a rien au départ, il n'y aura pas grand-chose à l'arrivée.* Ce qui se passe dans la sphère digitale se serait certainement passé IRL, cela aurait « juste » pris plus de temps ou d'intermédiaires. Et cela aurait aussi été beaucoup plus centralisé et moins spontané.

– Nous, chez Sopexa, intervient Thomas, nous nous occupons de gastronomie, d'alimentaire. On est dans un domaine de passionnés, où les gens aiment partager autour des produits, de la gastronomie, de la viticulture ; on y voit de très belles relations digitales : ce féru de nourriture qui partage sa passion avec des audiences du monde entier aurait peut-être écrit un livre sans les réseaux sociaux ; ce consommateur chinois qui ne sait pas trop comment manger un avocat, car il n'en a jamais mangé avant, aurait peut-être posé la question à son primeur ; ce militant aurait certainement réussi à rassembler des pairs, etc. Mais dans tous les cas, la résonance de leurs actions aurait été moins grande.

LE DIGITAL : ACCÉLÉRATEUR ET VECTEUR DE LA POST-EXPÉRIENCE

– Le digital, vous le voyez donc essentiellement comme un accélérateur relationnel ?

– Oui, conclut Alexandre. C'est l'héritage, la culture, les croyances, les désirs… qui vont paramétrer les échanges entre nous. La question de la relation intègre aussi une part de subjectivité. La qualité de la relation est liée à la part émotionnelle, à ce qui nous distingue des algorithmes. Si les relations sociales demeurent l'objet « inconnu » de la recherche sociologique, le digital ne peut être qu'un vecteur de la relation, certainement pas son essence. C'est bien d'être toujours rigoureux lorsqu'il s'agit d'appliquer ce mot à notre métier. Le digital n'est rien, le digital est tout. Comme le temps, il est avant tout ce que nous en faisons.

Alex et Thomas m'ont semblé très sereins. À mille lieues des peurs qui agitent la sphère médiatique dès que l'on parle de digital et d'IA.

Quand l'intelligence artificielle nous projette dans une société relationnelle

On retrouve dans la relation digitale exactement la même chose que ce que l'on y place, plus un gigantesque effet d'accélération dans la connexion et la mise en mouvement. Comme ce qu'Alessandro Baricco constate dans *The Game*, il appelle ces dynamiques « post-expérience » pour les distinguer du réel que nous vivions dans le « monde d'avant » : « Des processus changeants, des constellations qui se régénèrent continuellement, des oscillations infatigables entre des rives pas vraiment définies[7]. » Pour lui, en revanche, cette circulation change la nature de l'intelligence humaine, crée, en quelque sorte, chez cette Gen Z, ces natifs du digital, l'Homme Nouveau : « On percevait clairement en eux une intensité, un sens, une force qui, en effet, par rapport à ceux que nous nous souvenions d'avoir eu à leur âge, étaient assez spectaculaires. D'où venait cette force[8] ? »

Eh bien, elle est précisément relationnelle. Elle vient de la capacité à mettre en relation, à créer des connexions inattendues : « Vous profitez du fait que tout ce que l'on a mis sur cet écran communique avec le reste [...] et vous réalisez le seul geste que ce système semble vraiment vous suggérer : tout mettre en mouvement. Vous croisez. Vous juxtaposez. Vous mélangez[9]. » Cette opération intellectuelle s'avère être une des définitions de l'intelligence : est-ce que rentrer dans une économie de la relation, augmenter le capital relationnel des personnes, des marques et des organisations, reviendrait à rendre ces dernières plus intelligentes ?

7. Alessandro Baricco, *op. cit.*, p. 197.
8. *Idem.*
9. *Ibid.*, p. 198.

Point de vue

NATIONBUILDER, OU LES OUTILS DIGITAUX RELATIONNELS DANS LE CADRE ÉLECTORAL

Par Somalia B.

Créée par l'entrepreneur du Web Jin Jilliam et cofinancée par le Parti démocrate, la plateforme digitale NationBuilder, un outil numérique pionnier dans la digitalisation des campagnes d'intérêts civique et politique, a été pensée dans une approche militante et *bottom-up* de la mobilisation électorale : elle considère que la légitimité politique doit venir « d'en bas », et que le rôle d'un leader politique est de défendre les intérêts de la population. C'est l'inverse d'une vision *top-down* de la démocratie. Cette plateforme a permis au Parti démocrate de confirmer un positionnement de proximité, en prise directe sur le terrain. Sur le plan technique, la plateforme NationBuilder est venue soutenir une approche de terrain pour la traduire dans le monde semi-virtuel des réseaux sociaux.

Articulé pour rationaliser l'organisation des campagnes, cet outil traduit une fine connaissance de la culture politique démocrate et américaine. Ses 4 fonctionnalités clés en font une arme de *campaigning* susceptible d'abaisser considérablement la barrière technique de gestion des bénévoles pour un abonnement mensuel (de 29 à plus de 5000 dollars mensuels), avec :

» un site Web propulsé par NationBuilder pour faire émerger la campagne du candidat ;

» un *plug-in* pour récolter des micro-dons et un outil de gestion des donations ;

» un outil de cartographie de communautés permettant d'identifier les potentiels ambassadeurs de la campagne grâce à la *data* collectée sur les réseaux sociaux ;

» des outils en ligne pour organiser l'activation de la campagne (porte-à-porte, réunions de quartier, campagnes d'appels citoyens, etc.).

La plateforme a permis d'autonomiser les militants et les bénévoles qui sont devenus les relais de la campagne sur le terrain : ces derniers ont géré eux-mêmes l'activation de la campagne par le porte-à-porte, et ont porté la stratégie nationale de valorisation de collecte de micro-dons, de consultation de la population et d'aide à l'inscription électorale au fil d'un rigoureux calendrier d'actions.

En 2012, les partis adhérents au spectre de la gauche française, s'identifiant en partie au spectre populaire de la gauche démocrate, ont commencé à tester des techniques similaires. Au programme de François Hollande : porte-à-porte, souscription aux outils numériques type NationBuilder pour construire un écosystème relationnel militant digital. C'est alors que sont nées les « riposte parties » (événements militants pour contre-tweeter pendant les débats) et la « team riposte », qui relayait, principalement sur Facebook, les actualités et les opinions du candidat socialiste.

La relation hybride mi-réelle, mi-virtuelle de l'ère Covid

Pour avoir un point de vue au niveau digital, il est intéressant d'aller interroger ceux qui transforment la matière et créent le rêve éveillé, en faisant exister des expériences et des événements rassemblant jusqu'à des centaines de milliers de personnes. Je passe au département Event, là où se signent des prouesses techniques et artistiques toujours plus folles, les montages et démontages dans la nuit, les timings à la demi-seconde près, les univers sortis de terre en quelques heures, des marchés flottants asiatiques pour Relais & Châteaux à la horde de chevaux sauvages entourant des journalistes venus faire des *test drive* pour Nissan.

En temps normal, c'est l'effervescence. Créatifs, planneurs stratégiques, scénographes, producteurs travaillent ensemble à repousser les limites du réel. Là, toutes les places sont vides. L'événement est à l'arrêt. C'est donc sur Teams que je vais pouvoir m'entretenir avec Anne T. et Marie Q., qui dirigent la création du département. Je n'ai jamais vu la rieuse Marie de mauvaise humeur, même quand il s'agit de délivrer 20 ou 25 dossiers simultanément. Sur ses frêles épaules pèse tout le pôle automobile et nouvelles mobilités de l'agence. Anne fait partie de ces cursus éclectiques et passionnés : elle a commencé dans le monde médical ; ses affinités avec l'art contemporain l'ont portée vers l'événementiel, où son goût raffiné et son envie de faire évoluer les marques vers une pratique plus consciente font merveille. Je leur demande si elles, dans l'événementiel, se sentent menacées par l'évolution digitale accélérée durant le Covid.

Interview de **Anne T.** et **Marie Q.** *par* **Laurence M.**

– Sur le grignotage du *live* par le digital et la disparition de l'un au profit de l'autre, pas vraiment, répond Marie. Depuis quelque temps déjà, nous ne nous posons plus la question... tout est interdépendant. Il n'y a pas une demande événementielle que nous traitons sans activer les médias et ressorts digitaux. Cela nous offre d'ailleurs un nouveau mot dans notre jargon d'initiés, le « phygital ».

– Oui, complète Anne, le digital et l'événementiel sont totalement interdépendants, complémentaires, voire indissociables. L'un renforce l'autre continuellement, dans l'objectif commun de créer et nourrir du lien ; on l'a vu pour l'opération « We Love Cycling » de Škoda, où l'agence Hopscotch a suggéré de se reconcentrer sur l'ADN vélo de la marque et a réussi à engager les passionnés de la petite reine, ou avec Microsoft Surface : pour cette marque, le département Event a proposé de créer une véritable *factory*, lieu éphémère et espace de démonstration, pensé pour inscrire le lancement de Surface, le premier ordinateur portable 2-en-1 de Microsoft dont l'écran est tactile, dans les codes de l'univers créatif ; en scénarisant les usages de ce nouvel écran autour de créations inspirées du *street art*, Microsoft a augmenté son capital relationnel auprès d'une communauté artistique qui, jusqu'à présent, lui préférait spontanément une autre marque. Quelle que soit la « mécanique » de communication, la vraie question est d'y intégrer du sens. Nous sommes des créateurs de liens qui se tissent au fur et à mesure des rendez-vous. Chaque initiative doit nourrir la communauté, lui rendre service, avec l'ambition de la faire grandir, la rendre plus forte, plus « sachante » sans jamais la sous-estimer (toujours cette idée de se mettre au service d'une communauté...). Notre créativité, nous, on la met au service d'une belle histoire qui offre du sens, avec ses pics d'émotion, ses conversations calmes puis ses échanges passionnés, ses expériences déstabilisantes, parfois, pour s'étonner encore mieux et se « re-connaître ». Alors oui, le duo magique événement-digital est un vecteur qui permet de tisser ces liens en totale complémentarité.

– Donc, ce qui se passe en ce moment, ça ne change rien, au fond, pour vous ?

– Bien sûr que si, on ressent un manque, un goût amer. La relation physique fait défaut. Même les *millennials* et les Gen Z, abonnés aux jeux en ligne, commencent à s'impatienter de retrouver la « vraie » vie.

– On s'attend tous à voir un effet *revenge* après. L'explosion des rassemblements et des fêtes. Mais d'autres pratiques auront disparu.

– Moi je prévois la fin de toutes les prises de parole descendantes type Keynote, lancé-je... Tu es aussi bien chez toi pour les voir.

– Peut-être, réagit Marie. Si tu as raison, cela va nous inciter à travailler davantage les *conditions de l'interaction* dans nos événements. En tout cas, désormais, il y aura quasi systématiquement une partie digitale plus ouverte.

Me revient en mémoire la prophétie de *The Game* : « Et si le premier monde et le deuxième n'étaient pas des environnements en conflit, mais désormais les deux cœurs d'un même système de réalité[10] ? »

10. Alessandro Baricco, *op. cit.*, p. 197.

La relation émotionnelle dans le digital

De nouveaux outils numériques sont venus moduler la relation que les marques ont avec nous. La programmatique permet d'ajuster les propositions des marques en fonction des centres d'intérêt, du profil supposé de la personne ou de son parcours sur le Net, le *retargeting* offre les moyens de renforcer une pression publicitaire sur ceux qui ont manifesté un intérêt pour une proposition, et des algorithmes personnalisent les « suggestions » d'achat.

Néanmoins, comme le soulignait Alexandre V.E. au début de ce chapitre, ces outils commerciaux sont mécaniques. Une fois que les « gisements » de prospects sur le digital seront épuisés, il sera difficile de transformer plus.

Ce que nous aimerions savoir, c'est comment le digital pourrait enrichir *vraiment* la relation ; et c'est plus loin qu'il faut aller chercher la réponse, dans les futures possibilités offertes par l'intelligence artificielle, puisque films et séries affirment qu'elle peut reproduire la *même* qualité relationnelle qu'un humain, et même davantage : elle n'a pas à gérer un ego à l'origine de frottements dans les relations avec les humains.

Pour en savoir plus sur le sujet, il serait à présent malin d'interroger Thibaud C. : l'allure nonchalante, le regard aérien derrière des lunettes à la Harry Potter, Thibaud est passionné par la résolution de problèmes et je l'imagine volontiers, petit, démontant et remontant des casse-têtes à toute allure. Il a créé assez tôt sa propre agence digitale, WAMI, que l'agence Heaven a rachetée en 2017...

Un vrai profil d'innovateur avec une maestria digitale et un appétit créatif, profil très prisé par des entreprises en pleine transformation. Nul doute qu'il a son idée sur les apports et les limites de l'IA à la relation. Il ne peut pas nous parler par Teams mais promet de nous envoyer l'état de ses réflexions dans nos boîtes mails d'ici peu.

L'INTELLIGENCE ARTIFICIELLE : CONNAIS-TOI MIEUX QUE TOI-MÊME

>>> Par Thibaud C.

Une inconnue s'invite à notre table : l'intelligence artificielle ou IA. Elle nous aide à résoudre des problèmes, à nous orienter. Elle va plus vite que nous lorsqu'elle traite des opérations boursières à la nanoseconde. Elle nous fait travailler lorsque nous l'entraînons à notre insu. Elle nous fait peur, enfin, quand elle nous reconnaît dans la rue ou anticipe nos actions. Elle redistribue les cartes et nous invite à nous poser un grand nombre de questions.

Est-ce qu'elle fera peur ? Est-ce qu'elle nous rendra service ? Saurons-nous qui elle est, ce qu'elle fait ? Saurons-nous seulement qu'elle est là ? Et pour nous, communicants, améliorera-t-elle les relations que nous mettons tant de cœur à créer ? Si oui, que pourra-t-elle améliorer ? Faut-il seulement les améliorer, ces relations ? Et, si oui, à quelles fins ?

Mais qui est-elle cette intelligence artificielle ? À qui avons-nous affaire ? L'intelligence artificielle, c'est une discipline plurale, au carrefour de techniques, de savoirs et d'expérimentations mêlant l'informatique, les mathématiques et les sciences cognitives. L'IA c'est aussi un rêve, celui de copier l'intelligence humaine au-delà de son seul raisonnement, dans sa capacité d'apprentissage, sa pensée et, plus loin encore, ses émotions, son empathie... Tout ce qui fait de nous des êtres humains. L'intelligence artificielle, c'est aujourd'hui la capacité d'une machine à apprendre depuis un corpus de données, avec du temps et un entraînement approprié (*machine learning*, *deep learning*). Elle est alors capable de donner des réponses et de les adapter au fur et à mesure de son apprentissage, et en fonction d'un contexte pour les machines les plus avancées. C'est ce qui différencie l'intelligence artificielle de simples algorithmes. Pour comprendre et envisager l'IA, il faut avoir à l'esprit que c'est un domaine en constante évolution sur le plan technologique, et, *a fortiori*, dans ses champs d'application, qui cristallise certains fantasmes d'une humanité augmentée, surperformante. Mais pas pour autant meilleure.

L'intelligence artificielle en concurrence avec l'humain ?

Ce qui est sûr, c'est que l'intelligence artificielle nous interpelle dans notre quotidien personnel et professionnel, depuis longtemps pour les amateurs de science-fiction qui se reconnaîtront, un peu moins pour les autres. Comme l'informatique à ses débuts, l'IA est une révolution : elle ouvre de nouvelles perspectives, nous apporte de nouveaux outils, des performances augmentées, de nouvelles applications. Elle nous apparaît bien souvent supérieure parce qu'elle est capable d'exploits, comme étudier tout le corpus de la littérature du XVIIIe siècle ou toute la peinture classique, reconnaître un visage dans une foule ou créer une œuvre originale, tel le *Portrait d'Edmond de Belamy*, exécuté avec un procédé d'IA par le collectif Obvious en octobre 2018 et vendu 432 500 dollars chez Christie's New York. L'IA nous est presque toujours présentée dans des concours où elle dépasse les meilleurs êtres humains dans leurs domaines : en 1997, aux échecs, quand Deep Blue (IBM) bat le champion Garry Kasparov ; en 2011, lorsque Watson (IBM encore) remporte la grande finale de *Jeopardy!* ; dernièrement encore, entre 2015 et 2017, lorsque AlphaGo (Google DeepMind) bat les meilleurs joueurs mondiaux au jeu de go. L'IA nous apparaît encyclopédique, omnisciente, infaillible, surhumaine.

Avouons-le, elle appuie là où cela fait mal, sur nos failles et nos limites. Et elle débarque dans un monde occidental où la perte de sens fait rage, où nous interrogeons ce que nous sommes devenus, ce que nous allons laisser, ce monde qui aime tant la performance. Relativisons ici : l'IA n'est toujours « pas capable de se faire un sandwich », comme s'amusent à nous le rappeler les auteurs de la BD *Intelligences artificielles, miroirs de nos vies*[11]. Et c'est bien cela qui la différencie de nous autres, êtres humains.

Qu'est-ce que cela signifie pour nous, communicants ? Nous qui travaillons à écrire, à transmettre et à évaluer des messages, éléments de langage, événements et relations humaines. Quel rôle l'IA pourrait-elle jouer dans la création de relations ?

L'intelligence artificielle pour mieux comprendre l'humain ?

L'IA peut intervenir à différents niveaux dans une relation et venir en modifier la temporalité, les interactions et les champs d'action.

De façon ponctuelle, nous interagissons déjà avec des IA, au travers d'assistants virtuels qui prennent la forme de *chatbots*, d'e-mails automatiques ou parfois de serveurs vocaux. Ils nous permettent de nous orienter dans l'offre d'un commerçant, de répondre à nos questions, nous aident à commander une pizza sur Messenger... Les IA les plus performantes sont déjà capables de comprendre nos « intentions » dans notre langage écrit ou parlé. D'autres classent la documentation de nos entreprises, la jurisprudence, créent des galeries de portraits dans nos téléphones sans que nous leur ayons donné d'instructions ; elles nous aident encore dans notre veille ou dans le fait de prendre certaines décisions opérationnelles ou stratégiques. L'intelligence artificielle peut également traduire, en temps réel, la conversation de notre interlocuteur dans notre langue maternelle.

Demain, à force d'interactions plus longues, plus continues, une IA pourrait nous permettre de documenter une conversation en temps réel lors d'un rendez-vous, d'un dîner ou d'une réunion en nous expliquant, par exemple, une référence dont nous ne disposons pas et à laquelle fait allusion notre interlocuteur ; elle pourrait nous apporter des

11. Fibretigre, Arnold Zephir et Héloïse Chochois, *Intelligences artificielles, miroirs de nos vies*, Éditions Delcourt, 2019.

aide-mémoire, des souvenirs, mobiliser des documents, des archives. Dans le cadre d'une conférence, une IA pourrait nous informer en temps réel de l'impact d'un discours sur son public avec toutes les analyses, les usages et les risques que l'on peut imaginer. À la fin de cette conférence, la même IA pourrait rappeler à chacun les moments qui ont le plus marqué individuellement chaque personne présente dans la salle, en fonction de ses réactions physiologiques, émotionnelles…

Une seconde IA, plus personnelle, pourrait aider la première à nous envoyer ces éléments au bon moment. En connaissant nos habitudes, nos sujets de prédilection et notre agenda, elle pourrait ainsi nous transmettre les messages aux moments exacts où nous serions disposés à les lire, afin d'être sûre de nous trouver ouverts au message et maximiser l'impact et les actions qui peuvent en découler : achat d'un livre, inscription à une nouvelle conférence, etc.

Cela représenterait un bénéfice pour tout le monde : pour l'organisateur de la conférence, lequel serait alors certain que nous avons bien reçu le message ; pour l'orateur, qui saurait que chaque personne du public a favorablement accueilli le message qu'il est venu transmettre ; pour l'utilisateur final, afin de mieux cadencer le flux d'informations qui lui parviennent.

Aidées par des dispositifs de captation, les IA sont aujourd'hui capables de détecter notre température corporelle ou de lire certaines émotions sur nos visages lorsque nous marchons dans la rue, pour en tirer des conclusions sur notre forme, notre état de santé ou sur notre avis à la réception d'un message… Lors de notre passage devant une affiche, elles peuvent déjà modifier l'affichage en fonction de nos réactions, de la météo…

Une IA entraînée pendant plusieurs mois peut nous permettre de relever les expressions sur les visages d'un public lors d'une conférence ou d'un discours politique. À l'écoute de nos métabolismes individuels – telles les montres connectées –, l'IA peut encore interpréter nos constantes : rythme cardiaque, pression artérielle, respiration…

L'intelligence artificielle pour diriger l'humain ?

Les conditions pour que tout cela existe à ce niveau sont multiples mais déjà presque toutes réunies. La première condition, et sans doute la barrière la plus haute à franchir, est d'accepter que ces IA se rapprochent de nous, qu'elles entrent dans notre intimité, s'immiscent dans notre quotidien. La seconde condition : elles doivent partager et échanger toutes les données et les connaissances qu'elles auront de nous.

Soyons réalistes, les capteurs de données qui permettent à ces IA de mieux nous connaître existent déjà. Ils sont présents et visibles dans nos téléphones, les applications que nous utilisons, nos profils et interactions sur les réseaux sociaux, etc., et permettent déjà d'orienter nos déplacements ou de piloter certains véhicules... Et demain, peut-être, nos opinions, nos idées, nos sentiments ?

Aujourd'hui, nous avons conscience que les algorithmes peuvent influer sur l'information que nous consommons, nos avis, nos opinions, nos votes. Et cela pose de nombreuses questions de transparence, notamment dans l'usage que certaines entreprises peuvent faire de ce que récupèrent les algorithmes. Nous avons tous en tête Cambridge Analytica. Qu'en sera-t-il si nos profils sont demain alimentés par une IA elle-même entraînée au quotidien par nos actions, nos interactions, nos relations, nos réactions et nos discussions, sans interventions de notre part ? Et quand cette IA sera capable de nous présenter un job, un événement, une personne avant même que nous n'ayons pensé à les chercher ? Intervenant alors comme une entremetteuse qui tairait son nom, ses motivations, jusqu'aux indices de sa présence, ce serait une inconnue qui tiendrait la chandelle et tirerait les ficelles.

Est-ce de la science-fiction ? Plus vraiment, quand on sait que les programmes de fidélité les plus performants des grandes surfaces sont capables de détecter qu'une femme est enceinte avant même que sa famille ne l'apprenne, et ce, depuis le début des années 2000, en décelant de simples modifications dans son panier de courses hebdomadaire !

L'intelligence artificielle au service de la rencontre avec soi-même

On envisage et on conçoit les IA dans une optique de performance et d'optimisation des données qu'un opérateur possède déjà. Mais on gomme du même coup l'errance, la surprise, la découverte, la spontanéité, les « défauts ».

Ce que nous avons perdu et qui parfois nous enferme dans des bulles communautaires et informationnelles, nous pourrions, certes, le perdre plus encore avec l'intelligence artificielle. Mais nous pourrions aussi retrouver le goût de la découverte de choses nouvelles, la sérendipité. C'est ce que propose, par exemple, le service Flint Media : une IA informationnelle entraînée par des experts sur des thématiques choisies. En s'abonnant à une thématique, on peut entraîner le « robot » (c'est comme cela qu'ils appellent leurs IA chez Flint) en lui indiquant ce que l'on aime, ce que l'on n'aime pas dans le contenu que ce dernier nous propose, en consultant tel article plutôt que tel autre.

Imaginons une IA qui disposerait d'une intelligence lui permettant de connaître parfaitement son utilisateur ; elle ne lui proposerait pas seulement de consommer ce que ses amis ont déjà consommé ou « liké », mais l'inviterait à découvrir des domaines en lien avec ses sujets de prédilection ; des domaines ou activités dans lesquels on a des prédispositions mais que l'on n'a encore jamais explorés. Cette IA nous encouragerait à aller plus loin dans nos domaines d'expertise et nous amènerait à nous surprendre nous-mêmes. Elle décuplerait certes notre champ des possibles, mais plutôt que de nous donner des réponses, elle nous encouragerait à faire des efforts, à nous dépasser, à surpasser la connaissance que nous avons de nous, à aller vers des inconnus ou vers l'inconnu.

Enfin, si les IA se diffusent et s'invitent toujours plus à notre table, il nous faudra également les considérer comme un public (comme le sont devenus les robots des moteurs de recherche et les algorithmes des réseaux sociaux). Mais qu'est-ce que cela veut dire de créer des dispositifs de communication à l'intention d'une intelligence artificielle ? C'est à ces questions qu'il faut s'attendre à répondre, et ce, dès demain. Et les réponses que nous y apporterons auront un impact sur l'avenir de nos clients, des clients de nos clients et de nos métiers.

Si l'on insiste sur les mots, un joli rôle que l'on pourrait envisager pour l'IA serait de favoriser non seulement la relation, mais plus encore la rencontre. Qu'elle nous oriente vers une personne, un lieu, un événement, et que nous y allions en toute confiance, prêts à être surpris comme jamais auparavant. Mais pour cela, il faudra accepter de l'inviter plus près encore dans notre intimité, afin qu'elle s'entraîne à mieux nous connaître, à mieux nous lire et à mieux nous décrypter... Alors, nous aurons été heureux d'accueillir cette inconnue à notre table.

SUM UP

Le digital nous a proposé de nombreuses innovations pendant le Covid, et nous l'avons utilisé pour nous connecter à nos réunions en ligne. Au-delà, il a permis de rendre plus tangibles la rencontre, la création et le maintien des liens au travers d'interfaces virtuelles : cette évolution s'inscrit comme un marqueur générationnel, naturel pour les *millennials* ou les X (pour la plupart d'entre eux du moins) et « malaisant » pour les plus âgés ; elle annonce néanmoins un bouleversement dans nos usages. Dans un contexte privé, le digital est une réalité pour amorcer la rencontre, générer des contenus au sein de communautés de passions, d'intérêts. Mais le *In Real Life* (IRL) demeure une nécessité pour sentir et vibrer à l'unisson.

Alors, qu'apporte le digital ? Est-il la réponse circonstanciée à une contrainte, ou bien peut-il devenir un mode de relation à part entière ? La question se pose différemment : le digital est plus qu'un outil, il crée des pratiques et augmente nos possibilités, relie des communautés. Aujourd'hui, beaucoup craignent un digital et une intelligence artificielle souverains qui régissent nos vies sans que nous puissions les contrôler.

Dans nos métiers de communication, il n'y a d'ores et déjà plus de frontières entre le *live* et le physique dans la conception et la création d'un événement : l'événementiel est devenu parfaitement hybride avec le Covid, et désormais, presque tous les événements physiques sont doublés en digital pour élargir les audiences.

Le digital est un accélérateur au service ou au détriment de la relation. Il a fait ses preuves dans la personnalisation de la relation et comme vecteur d'émotions précieux pour les marketeurs. Est-ce que cela sera suffisant pour aider à contrer la méfiance grandissante à l'égard des marques digitales, aussi utilisées que décriées[12] ?

On reproche à l'IA de nous enfermer dans notre prédictibilité. Et si, pour changer des scénarios les plus pessimistes, on imaginait au contraire qu'elle nous donne accès à des possibilités inédites de nos vies, des propositions surprenantes, des aspects ou des ressources insoupçonnés de nous-mêmes ?

12. À l'heure où nous finissons de relire ces lignes, Facebook vient de changer le nom de sa *holding*, devenue « Meta », entachée de scandales sur la manipulation des données sans consentement ou sur la persistance de nouveaux services à destination des plus jeunes, contre l'avis des communautés de médecins et de parents.

7 L'ENGAGEMENT

AIR DU TEMPS

Par Flora L. : juin-juillet 2020

Un sursaut de liberté agite la France déconfinée et quelque peu résistante, alors même que le pays célèbre le 80e anniversaire de l'Appel du général de Gaulle. À l'occasion de la fête de la Musique, la jeunesse exprime sa soif de vivre et se retrouve pour danser au rythme de la légèreté : des rassemblements qui inquiètent et qui laissent présager un relâchement des gestes barrières à l'approche de l'été. Même Patrick Balkany, ex-maire de Levallois-Perret condamné pour fraude fiscale, est filmé en train de se déhancher dans les rues, alors qu'il vient d'être libéré de prison pour raisons de santé. Car les beaux jours sont une tentation de sorties et de rencontres, dans la moiteur d'un mois de juin empreint d'espoir.

L'espoir du changement pousse des centaines de milliers de personnes à sortir dans les rues pour crier à l'unisson « *Black Lives Matter* ! », slogan d'un mouvement politique antiraciste qui prend de l'ampleur, dénonçant le profilage racial et les violences policières. Au scandale américain George Floyd fait écho, en France, l'affaire Adama Traoré, jeune homme noir de 24 ans mort asphyxié lors d'un contrôle de police en 2016.

Le virus n'aura pas eu raison de nos mobilisations politiques, associatives et caritatives ; il en aura seulement compliqué l'organisation, nous poussant à redoubler d'idées créatives : mobilisation de la puissante communauté de fans de Kpop, qui se coordonnent pour réserver des milliers de places à un meeting de Donald Trump sans s'y rendre, laissant le président américain déconcerté face à une salle à moitié vide ; mobilisation d'associations de lutte contre la maltraitance des enfants, qui utilisent le jeu vidéo *Fortnite* pour leur venir en aide ; mobilisation empruntant également des voies officielles (la France assiste en juin à une « marée verte » lors du second tour des élections municipales, qui voient triompher dans plusieurs grandes villes comme Bordeaux, Lyon ou Marseille, des maires écologistes débordants d'idées pour un avenir durable).

Les Français sont méfiants à l'égard de la technologie et protègent avec ardeur leurs données personnelles. L'application « StopCovid[1] » à ses débuts est un échec. On ne les tracera pas ! Quand bien même l'intention serait louable et l'urgence bien réelle…

Il faudra trouver d'autres leviers pour étouffer une pandémie qui a déjà contaminé plus de 10 millions de personnes, au total, dans le monde. La bataille du Covid-19 en France sera désormais menée par Jean Castex, nouveau Premier ministre à l'accent chantant, qui incarne la France des territoires. En juillet 2020, c'est la France entière qui gazouille et vocalise. Bien partie pour chanter tout l'été, se trouvera-t-elle fort dépourvue quand la bise sera venue ?

1. Actuelle application « TousAntiCovid ».

NAISSANCE DE LA RELATION : AU COMMENCEMENT ÉTAIT UNE EXPÉRIENCE

Comment parler aux équipes, aux groupes ?

>>> Par Flora L.

« C'est dans l'épreuve que l'on reconnaît ses amis »... ou peut-être, que l'on s'en fait ? Qu'est-ce qui fait qu'un lien se noue entre deux collègues, les membres d'une famille recomposée, les joueurs d'une équipe de handball ou les candidats d'une émission de téléréalité ? Et si le point de départ de la relation n'était pas de se trouver des points ou des objectifs communs, mais une histoire commune et une expérience vécue ensemble ? À quoi servent les ressemblances si elles ne sont pas confrontées, mélangées, centrifugées ? Qui a dit que le dicton « Qui se ressemble, s'assemble » était le seul dogme valable dans la formation des liens qui nous unissent ?

Au départ, il était un objectif : un match à gagner, une épreuve de la vie à surmonter, un défi professionnel à relever. Puis une équipe, un assemblage de profils, une mosaïque de personnalités. Et enfin, des efforts, des stratégies, des ajustements, de la créativité. Même du stress, de l'inquiétude, de la souffrance parfois. Mais enfin la réussite tant espérée, de l'émotion et de la joie dans le meilleur des cas, du soulagement – *a minima* – dans le pire, mais toujours beaucoup d'apprentissages.

Alors que l'équipe originelle était disparate, anonyme et un peu gauche, elle est maintenant soudée, beaucoup plus forte parce que les membres se connaissent : ils ont identifié leurs forces et leurs fragilités, ils appréhendent avec une plus grande lucidité la diversité des personnalités qui composent leur équipe, ils savent les ressources sur lesquelles le groupe peut compter et sont conscients du trésor qu'il détient en son cœur.

Et puis, il y a la mémoire commune. L'équipe s'est forgé une bibliothèque de souvenirs, des images mentales parfois amusantes, parfois pénibles, souvent touchantes. L'équipe de consultants en agence de communication qui a travaillé sur un appel d'offres aura en mémoire les présentations hésitantes au début du projet, le tourbillon d'idées lancées à la volée lors de *brainstormings*, les efforts de rigueur déployés pour structurer une recommandation, les fous rires complices, l'émulation de la réflexion collective, l'excitation commune avant l'oral tant attendu, les encouragements mutuels, et puis la bataille pour la victoire. La génération aura vécu – ou survécu – aux épreuves d'une époque, aura chanté les mêmes airs de musique, en partagera les codes, vibrera au rythme des vidéos d'archives et se raccrochera à ses références. Les grands traumatisés partageront une histoire commune, stockée au fond de leur mémoire ou de leur inconscient, qui les liera à jamais. L'équipe d'apprentis aventuriers à *Koh-Lanta* se souviendra des débuts retentissants du jeu de survie, puis des déconvenues causées par les intempéries, des souffrances de la faim et de la fatigue extrême, pour se remémorer ensuite la sensation grisante de la victoire aux épreuves qui leur aura mis un peu de baume au cœur en milieu hostile. Les fans de vélo auront été déçus, ensemble, des résultats de « l'éternel second », et auront applaudi à l'unisson les performances du combatif Julian Alaphilippe.

Comment, alors, s'adresser à ces groupes qui partagent un lien si fort et parfois si intime qu'il en devient presque exclusif? Parlez d'abord leur langage et adoptez leurs codes, pour ne pas dénoter, tel Bill Murray dans *Lost in Translation*[2]. Aidez-les à partager leurs souvenirs, ceux qu'ils se remémoreront avec plaisir ; faites vivre les récits qu'ils ont en commun. Enfin, encouragez-les à se créer de nouvelles expériences, impliquez-les et guidez-les dans l'écriture d'une page de leur histoire commune... Qui sait, peut-être vous inviteront-ils à partager cette aventure à leurs côtés ?

---

2. Dans *Lost in Translation*, film de Sofia Coppola sorti en 2004, Bill Murray incarne un acteur américain parti au Japon pour tourner dans une publicité pour le whisky. Ne comprenant ni la langue ni les codes d'une société bien différente de la sienne, il finit par se laisser porter par les événements.

***

En lisant ce texte, que Flora L., une jeune consultante de l'équipe PR, passée auparavant par le journalisme, vient de nous faire passer, l'équipe a le sentiment que Flora parle d'elle ; d'elle et de son équipe, qui gèrent de gros budgets de communication dans les secteurs de la tech et des start-up ; on y partage la vie et la pression des aventures entrepreneuriales. Sur ce marché, les enjeux sont colossaux, les tensions énormes. C'est la cohésion et le soutien des équipes agences/clients qui permettent d'affronter les difficultés quotidiennes et la charge de travail. Sont-ce ces relations très émotionnelles que l'on appelle « engagement » ? Le mot est massif comme une armoire normande ; il est surutilisé dans tous les posts de LinkedIn, avec le hashtag « qui va bien » : #Engagement. Surutilisé, donc sous-signifiant. C'est le Graal des entreprises : créer et maintenir l'engagement. Derrière ce cliché se cache la vérité des relations de l'entreprise avec ses collaborateurs. Il faut aller voir.

Vers des relations dématérialisées dans l'entreprise ?

En 15 jours, les habitudes de travail en présentiel se sont réinstallées. La cage d'escalier bruisse à nouveau d'interpellations et de galopades. Nous ne connaissons pas notre bonheur de travailler sans masque ; pour le moment, nous devons le porter à l'intérieur de l'entreprise seulement pour les déplacements. Les bars et les restaurants ont rouvert depuis le 2 juin et, à part cette semaine-là, la météo est insolente et tout le monde est en terrasse. Et pourtant, une grande partie des gens reste en chômage partiel ou en télétravail. Pour certains, cela fait maintenant 4 mois qu'ils n'ont pas vu leurs collègues de travail en vrai ou remis les pieds ici. Un grand nombre de demandes clients concernent la cohésion, l'engagement, la mise en dynamique des équipes : faut-il les faire revenir au travail ? Comment créer des rendez-vous ? des rituels ? Comment s'assurer que tout le monde va bien ? Comment pallier l'hétérogénéité des équipes entre ceux qui sont là, ceux qui continuent de garder leurs enfants, ceux qui travaillent à plein temps et ceux qui sont au chômage partiel ? Comment faire pivoter son plan stratégique ou opérationnel, et redéployer sa feuille de route dans l'incertitude la plus totale de ce qui nous attend sur le reste de l'année ? Le *care* est le mot-clé de ce mois de juin.

Judith D. m'arrête dans l'escalier. Elle fait partie de Sagarmatha, l'étonnante agence de communication interne de Hopscotch. « Sag » a placé l'humain au cœur de ses stratégies et de ses préoccupations, et une grâce particulière se sent chez tous les collaborateurs : sens de l'écoute, prévenance, serviabilité… Annabelle S. y travaille également. Judith et Annabelle se sont montrées tout particulièrement motivées par ce projet d'écriture en collectif et ont animé plusieurs réunions à la fin de l'an dernier. Judith me demande où on en est du projet.

– En plein dedans ! La réinvention de la communication est plus que jamais d'actualité, non ?

Interview de **Judith D.** et **Annabelle S.** *par* **Laurence M.**

– Et encore plus la réinvention de la communication interne, renchérit Judith. Un contexte comme celui-ci balaie une bonne fois pour toutes le management directif, le chef charismatique et le mythe de l'homme providentiel.

– Tu parles de nos politiques, là ?

– On n'est pas moins bien lotis que les autres, je t'assure.

Élevée aux États-Unis, trilingue, Judith a beaucoup voyagé et travaillé dans des milieux variés comme l'art ou la diplomatie, en passant par les grandes institutions internationales. Elle possède une vision des spécificités de chaque nation, renseignée par l'expérience concrète. Elle poursuit :

– Non, je parle de la mutation de l'entreprise. De la manière de garder l'esprit d'équipe, les relations entre collaborateurs, la motivation. L'entreprise n'a jamais tangué autant depuis la fin du *domestic system*[3]

3. Le *domestic system*, organisation du travail en usage en Europe avant l'invention de l'usine dans la seconde moitié du XIXe siècle, consistait, pour un ouvrier, un artisan, un agriculteur, à se voir confier des tâches réalisées à domicile et non sur un lieu dédié au travail.

et sa constitution au XIXe siècle. Imagine, une entreprise complètement virtualisée, faisant et défaisant des équipes à distance qui ne se voient jamais !

– Plus de bureau, plus de machine à café, plus de cage d'escalier où échanger, plus de sérendipité en action, plus de déjeuner ensemble où l'on met des projets en route…

– Oui, un collectif entièrement dématérialisé, reprend Judith D., et tu peux voir aussi le verre à moitié plein. PluS d'autonomie, pluS de soin apporté aux rituels qui vont tenir ensemble l'équipe, une culture d'entreprise pluS forte, différente… Moi, je vois bien les possibilités pour que l'entreprise ressorte grandie de cette crise.

– Ah bon ? Tu pourrais me donner ton point de vue avec Annabelle là-dessus ? Sur les nouvelles manières d'engager les gens ? De créer de nouvelles relations dans l'entreprise ?

– Parfait, on va te développer notre vision, on t'envoie ça.

CRÉER DE NOUVELLES RELATIONS POUR BOOSTER L'ENGAGEMENT EN PÉRIODE DE COVID

>>> Par Annabelle S. et Judith D.

C'est quoi, l'engagement ?

Commençons par ouvrir notre dictionnaire Larousse, oui le livre poussiéreux qui est au fond de la bibliothèque : *Engagement : n.m. Acte par lequel on s'engage à accomplir quelque chose. Fait de prendre parti sur les problèmes politiques ou sociaux par son action et ses discours.*

Une marque est engagée lorsqu'elle revendique une prise de position qui impacte son action, par exemple le « made in France » pour Le Slip Français. Tous les produits du Slip Français sont fabriqués en France et valorisent les savoir-faire pour réinventer une industrie textile durable. Leur univers graphique bleu, blanc, rouge rappelle le drapeau tricolore et ainsi les valeurs françaises de démocratie et des Droits de l'homme. Leurs actions sont en cohérence avec leurs prises de position. Mais quand, le 2 janvier 2020, une vidéo d'un de leurs collaborateurs réalisant un *blackface* fait surface sur les réseaux sociaux, on s'insurge ! Normal, les actes ne sont plus en lien avec l'engagement prôné ! Le consommateur fier de soutenir le « made in France » se sent dupé, la confiance est abîmée et on s'interroge sur la fiabilité des actions énoncées par la marque.

Au-delà des actions, une marque/entreprise engagée repose aussi et surtout sur les forces vives de l'entreprise, à savoir ses collaborateurs. Alors, qu'est-ce qu'un collaborateur engagé ? Est-ce que bien faire son travail au quotidien, c'est s'engager ?

Reprenons notre dictionnaire Larousse : *S'engager : verbe pronominal. Entreprendre une action, y participer ; se lancer. Prendre nettement position, en particulier sur des problèmes politiques, sociaux, économiques.* Alors nous, chez Hopscotch, on s'est demandé ce que représentait l'engagement. Bien réaliser ses tâches au quotidien est-il suffisant pour se considérer comme engagé ? Et en quoi consiste l'engagement dans l'entreprise ?

Être engagé : s'investir dans la vie de son entreprise

On peut s'impliquer de différentes façons dans son entreprise : en étant présent dans les moments conviviaux comme dans les moments difficiles, en participant sur des sujets transverses, en soutenant ses collègues lorsqu'ils en ont besoin, en étant à l'initiative d'opportunités bénéfiques pour l'entreprise... Finalement, s'impliquer, c'est tout simplement sortir de la neutralité.

Et hors de l'entreprise ? Parler en bien de son entreprise dans la sphère privée, est-ce une forme d'engagement ? Cela révèle une fierté d'appartenance que certains partagent sur les réseaux sociaux en « likant » et en partageant les contenus de leur employeur. Le comportement d'un collaborateur engagé est ainsi très proche de celui d'un ambassadeur ; lorsqu'une entreprise transforme ses collaborateurs en ambassadeurs, elle obtient une force de frappe colossale.

Bien évidemment, la relation entre le collaborateur et son entreprise n'est pas toujours rose ! Il peut y avoir de la déception entre les moments de fierté, des désaccords sur les prises de position, un manque de reconnaissance réel ou ressenti. Et c'est dans ces périodes de tension que les collaborateurs peuvent questionner leur envie de rester dans l'entreprise ou non.

Point de vue

TRAVAIL, QUALITÉ DE VIE, CULTURE : LES 3 LEVIERS DE L'ENGAGEMENT SELON LE CABINET AON HEWITT

Le cabinet de conseil Aon Hewitt a mené des études sur l'engagement des collaborateurs et a développé un modèle d'engagement. Il identifie 3 comportements : *Say, Stay, Strive.* Autrement dit, selon eux, un collaborateur engagé est :

» ambassadeur de son entreprise, et il en parle en bien : *Say* ;

» attaché durablement à elle, il y est fidèle : *Stay* ;

» mobilisé pour donner le meilleur de lui-même et aller au-delà de ce qui est attendu de lui : *Strive.*

Premier levier : le travail

Pour activer le meilleur du potentiel des collaborateurs, il faut que la mission donnée soit à leur portée, mais aussi qu'elle représente un objectif à atteindre pour leur permettre de toujours apprendre et progresser. Et c'est encore mieux si ce travail les autorise à être responsables, autonomes, et à collaborer.

Deuxième levier : la qualité de vie au travail

En France, le gouvernement décrit ainsi les obligations d'un employeur : « Votre employeur doit veiller à votre santé et sécurité au travail en mettant en place des actions de prévention [...]. Il doit également évaluer les risques professionnels de votre poste de travail [...]. Vos locaux de travail doivent être aménagés de façon à garantir votre santé et sécurité. Ils doivent être tenus dans un état constant de propreté, présenter les conditions d'hygiène et de salubrité nécessaires et être dégagés de tout encombrement[4]. » Offrir un environnement de travail de bonne qualité à ses collaborateurs, c'est fournir un aménagement des postes informatiques, des zones de restauration et de convivialité, mais aussi veiller à un équilibre entre la vie personnelle et professionnelle, en respectant le temps de travail prévu dans le contrat de travail : c'est ce que l'on appelle la « qualité de vie au travail ».

Troisième levier : la culture d'entreprise

La culture d'entreprise comprend la communication de l'entreprise envers ses collaborateurs, la politique RH, les programmes de diversité et d'inclusion, ou encore les relations de l'entreprise avec ses clients... Finalement, cela englobe beaucoup de choses et prend de plus en plus d'importance : « Infiniment puissante, échappant à toute mesure, et parfois à la compréhension, la culture est devenue l'ingrédient secret de la vie de l'entreprise », selon Margaret Heffernan[5]. Selon notre dictionnaire Larousse, la culture d'entreprise couvre *l'ensemble des traditions de structure et de savoir-faire qui assurent un code de comportement implicite et la cohésion à l'intérieur de l'entreprise*. Le fonctionnement implicite de la culture d'entreprise montre ici sa singularité : un ensemble de valeurs, de codes, de connaissances, d'actions, de rites, de pensées, de mots qui se vivent et se partagent au quotidien, le plus souvent inconsciemment. C'est

4. Critères définis par le ministère du Travail et exprimés sur le site www.service-public.fr à la rubrique « santé et sécurité au travail, obligations de l'employeur ».

5. Margaret Heffernan, *A Bigger Prize: Why Competition isn't Everything and How We Do Better*, Simon & Schuster, 2014.

ce petit je-ne-sais-quoi qui vous saisit les premiers jours de votre arrivée, à chaque pas, dans chaque réunion. La transmission de cette culture d'entreprise, souvent tacite, voilà ce qui est en jeu avec les nouvelles configurations imposées par le Covid, où on ne baigne plus dans le milieu de l'entreprise. Une culture attirante et inspirante permet aux collaborateurs de s'identifier à leur entreprise, de s'approprier les défis de celle-ci. La culture d'entreprise peut devenir aussi un puissant levier de motivation pour les équipes. Enfin, elle fonctionne comme un filtre permettant d'établir les normes de l'organisation : elle indique à tous les comportements attendus et ceux qui ne le sont pas.

Ce qui rend l'engagement unique : les leviers de différenciation

Nous venons de voir les leviers dits « fondamentaux », mais il en existe d'autres : les leviers de *différenciation*. Il s'agit de savoir-faire et de savoir-être qui concernent la gouvernance et le management internes, en vue d'assurer le bien-être des collaborateurs et, *in fine*, de cultiver leur sentiment d'appartenance à l'entreprise.

Les différents types de *leadership*

Le *leadership* d'hier, caractérisé par une posture verticale de management, se voit remplacé aujourd'hui par un management horizontal, nécessaire pour assurer du lien, de la coconstruction et de l'engagement. Pourtant, à force de travailler pour des centaines d'entreprises toutes différentes, nous le voyons bien, chez « Sag », il n'y a pas un seul type de *leadership* : à chacun de faire selon sa nature, ses collaborateurs, la culture de son entreprise et la situation. La définition de Charles S. Lauer, vice-président de Crain Communications, nous interpelle : « Les leaders ne forcent personne à les suivre, ils les invitent à un voyage[6]. »

6. Voir le site www.dynamique-mag.com/article/citations-entrepreneurs.3942

Aujourd'hui, les collaborateurs, y compris les jeunes générations, sont en attente d'un *management authentique* ; la palette de compétences du manager s'est étendue. Homme/femme orchestre, il doit donner envie, motiver son équipe pour atteindre les objectifs, la pousser à innover et l'inspirer, donner du sens aux actions du quotidien et cultiver l'épanouissement de chacun... Une nouvelle posture que le manager doit concilier avec l'injonction de performance provenant de sa propre hiérarchie. Pas simple ! Et pourtant, nous avons constaté que c'est la clé pour favoriser l'engagement des collaborateurs au quotidien ! Chez « Sag », on aime citer un proverbe indien Koghi : « Dis-le moi je l'oublie, montre-le moi je le retiens, implique-moi je le comprends. » Impliquer les collaborateurs dans le quotidien de l'entreprise est une préoccupation qui irrigue la façon dont nous concevons toutes nos opérations de communication.

L'entreprise contributive, un puissant levier d'engagement

Rien de tel qu'un projet porteur de sens pour générer une culture forte et un précieux sentiment d'appartenance. Les collaborateurs sont alors en mesure de faire le lien entre leurs actions quotidiennes et les ambitions stratégiques, ils peuvent contribuer et ajouter leur pierre à l'édifice. C'est la question du fameux *Why* que Simon Sinek[7] a longuement développée, et qui est maintenant répandue dans toutes les cultures de management. Ce que défendent les entreprises qui ont trouvé leur *Why* ressemble beaucoup à ce dont Somalia parle dans le chapitre sur les communautés, où elle avance la notion de meta-business : c'est « l'idée de faire du business avec des gens qui ont les mêmes croyances que vous ». Une entreprise qui sait pourquoi elle vend ses produits et/ou services aura plus de facilité à attirer des talents et des clients qui partagent ses propres croyances, à se différencier ainsi de ses concurrents. Or, il existe de nombreuses croyances ; à chacun de trouver pourquoi il fait ce qu'il fait, pourquoi il se lève le matin. Oscar Wilde lui-même disait : « Soyez vous-même, les autres sont déjà pris. »

Pour engager ses collaborateurs, une marque doit aussi démontrer sa capacité à contribuer à l'environnement dans lequel elle évolue. Cela

7. Simon Sinek, *Start with Why : How Great Leaders Inspire Everyone to Take Action*, Portfolio, 2011.

se traduit notamment dans ses engagements sociaux et environnementaux, à travers une politique lisible par les publics externes à l'entreprise, et à laquelle, en interne, les collaborateurs sont associés. Cela a été récemment l'objet de la loi PACTE[8] et de la création, en France, du statut d'entreprise à mission, donnant la possibilité aux entreprises souhaitant préciser et formaliser leurs responsabilités sociales et environnementales (RSE) d'inclure dans leurs statuts une *raison d'être* et, en ce qui concerne notre sujet plus particulièrement, un *projet entrepreneurial répondant à un intérêt collectif et qui donne sens à l'action de l'ensemble des collaborateurs.*

C'est la raison pour laquelle de plus en plus d'entreprises repensent leur stratégie comme un projet global intégrant l'ensemble des collaborateurs. Ce travail collaboratif permet de renforcer l'appartenance au groupe, de susciter l'engagement et de profiter de l'efficacité du collectif. Or, le collectif, c'est le moteur de l'entreprise. Un collectif soudé par des relations multiples, réitérées, variées, contribue à une meilleure performance et favorise un climat fertile à l'innovation. Les talents internes y attireront les talents externes. Sachant que 70 % des candidats cherchent des avis en ligne sur une entreprise avant de s'engager contractuellement[9], travailler son collectif revient à travailler sa marque employeur. Et le bénéfice se répercute aussi sur le client final, qui bénéficie de produits et/ou services faisant l'objet de l'attention de tous.

Les conditions de la performance : confiance et reconnaissance

Après une étude de 2 ans sur la performance des équipes, Paul Santagata, directeur de la division Industrie chez Google, a conclu qu'il n'y a « pas d'équipe sans confiance » : les équipes les plus performantes

8. La loi PACTE, éditée le 22 mai 2019, a pour objet de consacrer l'idée d'intérêt social de l'entreprise dans le droit français : « Une entreprise doit être utile pour la société dans son ensemble, avant même ses clients, ses collaborateurs et ses actionnaires. » Avec l'article 176 de la loi du 22 mai 2019 relative à la croissance et à la transformation des entreprises (loi PACTE), la loi introduit la qualité de « société à mission. Il s'agit pour une entreprise d'affirmer publiquement sa raison d'être, ainsi qu'un ou plusieurs objectifs sociaux et environnementaux qu'elle se donne pour mission de poursuivre dans le cadre de son activité ». Voir le site www.economie.gouv.fr/cedef/societe-mission

9. Étude Glassdoor, « Comment les candidats utilisent-ils Glassdoor ? », 2016.

sont celles qui peuvent être créatives, proposer des idées sans craindre d'être jugées, émettre un avis différent en réunion sans redouter d'être mal vues, se tromper sans avoir peur de se faire renvoyer, commettre des erreurs, etc., sans sanction ! Pourquoi ? Parce qu'elles travaillent dans un contexte de *sécurité psychologique*. Chez « Sag », notre idée est qu'il n'y a pas de réussite sans échec : *« No Fail, no Gain. »* Dans un tel climat, une erreur ne se transforme pas en échec. Plus les collaborateurs se sentent en confiance, plus ils prennent du plaisir dans leur quotidien, plus ils se sentiront engagés et contribueront à la performance de leur entreprise. Chez Sagarmatha, ce cercle vertueux s'appelle « Plaisir & Performance » : nous prenons du plaisir au quotidien pour le transmettre autour de nous, à nos collègues, à nos clients, à nos *freelances* et à nos prestataires. Forts de cette conviction, nous veillons à l'épanouissement de nos équipes : chacun doit grandir et approfondir ses compétences en cohérence avec le développement de l'entreprise. Cela passe par des formations, mais aussi par des sorties culturelles !

Une fois la confiance et le plaisir réunis, les collaborateurs peuvent proposer leurs propres projets et idées business et les développer. Chez « Sag », il en existe un bel exemple : l'expertise « Sagarmatha Santé » est née de la volonté d'une chef de projet senior il y a 8 ans déjà ; soutenu par les directeurs, son projet a abouti et a trouvé son aventure entrepreneuriale.

Enfin, la reconnaissance au travail renforce la fierté d'appartenance à l'entreprise. En France, 40 % des salariés ne se sentent pas appréciés à leur juste valeur, et 77 % estiment que leur travail aurait plus de sens pour eux s'ils ressentaient de la reconnaissance de la part de leur entreprise[10]. En parallèle, c'est plus de 86 % des entreprises françaises qui ont mis en place un système de reconnaissance des salariés. Ce système de reconnaissance au travail peut prendre plusieurs formes : temps de convivialité, temps de célébration, entretien individuel, gratification ou, simplement, un remerciement direct et sincère.

10. Étude Roadoo sur la motivation au travail et les ressources humaines, 2017.

Une chose est sûre, il faut entretenir ce cercle vertueux au quotidien. Voici quelques exemples des intentions qui guident notre management chez « Sag ».

- **Évaluer l'engagement** : il peut être instructif de pouvoir mesurer le niveau d'épanouissement des équipes avec des outils comme *Great Place to Work*[11], qui évaluent la qualité de vie au travail (QVT), et de travailler ensuite à partir des retours de cette étude.
- **Veiller à la symétrie des attentions** : pendant longtemps, on a parlé de *customer centric*, de client au centre des attentions. Le postulat très fort sur lequel l'agence Sagarmatha s'est appuyée est que l'entreprise doit accorder à ses collaborateurs la même attention qu'à ses clients ; ainsi, les premiers répercuteront naturellement sur les clients les soins dont ils font l'objet.
- **Pratiquer l'équation gagnante CX + EX = UX**, posée par Vineet Nayar, PDG de HCL Technologies : *customer experience* + *employee experience* = *user experience*, autrement dit : « L'expérience utilisateur, c'est-à-dire l'ensemble des émotions et des sentiments ressentis lors d'un contact avec votre marque ou lors de l'utilisation de vos produits et services, est égale à la somme des efforts investis dans la relation client et la relation employés[12]. »
- **Développer la communication positive** : le livre *Les Quatre Accords toltèques*[13] présente les piliers d'une communication saine et préconise des formations à la « conversation courageuse » ou au *feedback*.
- **Créer une communauté managériale** : en temps de crise, la communauté managériale répond au besoin de partage et d'échanges, ainsi qu'à la nécessité de trouver rapidement des réponses concrètes auprès de ses pairs.

---

11. Label privé monté par un réseau mondial de cabinets en ressources humaines qui décerne tous les ans un palmarès des entreprises où il fait bon travailler. Même si ce label fait l'objet de remarques appelant à prendre ses résultats avec discernement dans la mesure où il faut payer pour candidater, il demeure néanmoins à ce jour une référence sur les labels de bien-vivre en entreprise.

12. Vineet Nayar, *Employees First, Customers Second*, Harvard University Press, 2010.

13. Miguel Ruiz : « Que votre parole soit impeccable / N'en faites jamais une affaire personnelle / Ne faites aucune supposition / Faites toujours de votre mieux », *in Les Quatre Accords toltèques : la voie de la liberté personnelle*, Jouvence, coll. « Poche », 2016.

À ce moment précis de notre vie à tous, avec le Covid qui fragilise et déstructure l'entreprise mais la pousse aussi à se transformer, il faut passer à un management authentique d'encadrement des collaborateurs adopté par les entreprises dites « libérées », « responsabilisantes » ou « opales[14] » ; dans ces organisations, la culture d'entreprise est renforcée, le collaborateur associé au projet, et la transparence et la confiance sont au cœur du fonctionnement et des processus de production, rendant cette manière de faire extrêmement profitable en période de transformation.

COMMENT CRÉER DE L'ENGAGEMENT DANS UN GROUPE CONSTITUÉ PAR LA CROISSANCE EXTERNE ?

Judith D. et Annabelle S. ont fourni de l'eau à notre moulin. Depuis leur poste d'expertise en communication interne, elles ont traité un grand nombre de cas d'entreprises de toutes tailles, de tous secteurs et de toutes configurations ; elles ont mis des mots sur le type de relations fructueuses que l'entreprise peut aider à développer entre les collaborateurs afin de créer de la performance et de faire éclore la transformation : projet stratégique et raison d'être élaborée en mode collaboratif, intelligence collective sous la forme de communautés managériales ou de communautés de pairs, reconnaissance de l'action et de la singularité de chacun au cœur de l'équipe, etc. Leurs conseils semblent particulièrement adaptés aux périodes de crise, où il faut faire émerger rapidement des solutions.

Il serait maintenant intéressant de savoir si ces pratiques sont implantées chez Hopscotch, et si elles s'avèrent payantes dans la tourmente que nous traversons. *A priori*, la meilleure expérimentation, c'est ici, non ?

14. Frédéric Laloux, *op. cit.*

Cela fait 4 ans que l'équipe RH est arrivée. Lorraine L. et Marie de B. sont venues structurer la croissance de Hopscotch : formations, mobilité interne, diffusion de bonnes pratiques, politique RH beaucoup plus inclusive, etc. Deborah D. a complété la nouvelle équipe au poste de responsable de communication interne pour créer de la transversalité, multiplier et fluidifier les relations entre les différentes structures de l'agence. D'une énergie à soulever les montagnes, la boucle en bataille sur un œil volontiers frondeur, Deborah connaît chaque stagiaire fraîchement débarqué de son école ; elle crée du lien avec tous et s'intéresse à chacun. Elle a manifestement su briser l'inertie des *business units* naturellement autocentrées pour constituer un collectif. Nous nous promettons d'aller plus tard lui arracher ses secrets.

En attendant, Deborah propose d'interviewer son équipe. Elle attaque bille en tête.

Interview de **Lorraine L.** et **Marie de B.** *par* **Deborah D.**

– L'engagement chez Hopscotch, c'est quoi ? Pourquoi quelqu'un s'engage-t-il chez nous ? Comment s'engage-t-il ?

– Ok, ok, Deborah... Bon, déjà, l'histoire du groupe est faite de diversité et de nombreuses acquisitions durant ses 50 ans d'histoire. Il se compose aujourd'hui d'un ensemble d'expertises et de marques fortes. Il ne s'est pas construit d'un bloc autour d'une entité unique ou d'un message clé, mais s'est enrichi des multitudes de cultures qui le composent, précise Marie. L'engagement des collaborateurs de Hopscotch à l'égard du groupe, justement, ne se manifeste pas de la même façon que dans des entreprises avec une culture très forte, très identifiée, singulière et entretenue depuis plusieurs décennies, avec des codes très ancrés et un véritable esprit d'appartenance, comme au Club Med, par exemple, où l'on était Lorraine et moi ; les collaborateurs sont plus largement engagés au niveau de chaque agence et moins au niveau du groupe.

– Deborah, même si de plus en plus de personnes se sentent véritablement engagées au niveau du groupe grâce à ton travail, notamment, poursuit Lorraine, on retrouve quelques traits communs à ceux qui sont le plus engagés : *a priori*, ce sont ceux qui sont curieux de chaque nouvelle initiative proposée par ou dans le groupe et qui se portent volontaires, que cela soit lié à leur expertise ou non. Ils peuvent aussi avoir développé un réseau, même peu étendu, en dehors de leur agence, au sein du groupe. Ils sont généralement présents dans les moments de convivialité transverses – fêtes de l'agence, moments solidaires ou encore temps de convivialité sur Teams que nous avons instaurés pendant les confinements. Enfin, ils n'hésitent pas à être porte-parole, voire ambassadeurs du groupe, sur les réseaux ou à l'extérieur de l'agence, et à communiquer leur fierté d'appartenance au groupe.

L'équipe ALL WRITE ne peut s'empêcher de noter que ces caractéristiques regroupent exactement les critères précédemment mentionnés par Judith D. et Annabelle S. lorsqu'elles évoquaient l'engagement collaborateurs.

– Mais pourquoi, eux, ils s'engagent ? reprend Deborah.

– Tu veux dire eux et pas les autres ? Les raisons peuvent être très diverses et surtout très personnelles, explique Marie, mais on peut repérer un terreau favorable à cet engagement. Dans un premier temps, peut-être que nous pouvons parler d'une *bonne qualité de sécurité psychologique* présente dans le groupe. Par exemple, chacun peut être à l'origine d'une bonne idée. La force de Hopscotch réside dans l'encouragement donné à chacun de proposer des idées ; c'est une entreprise qui favorise énormément l'intrapreneuriat. La hiérarchie est, par ailleurs, plutôt horizontale, et la parole se veut ouverte et transparente. Bien sûr, tout cela est perfectible, mais le groupe souhaite développer davantage ces traits. Cela fait partie de ses convictions fortes.

– Il y a aussi un acquiescement à la diversité, précise Lorraine. On n'impose pas de guides précis ni une culture *corporate* monolithique ; on essaie de permettre à chacun de cultiver son talent, sa liberté d'expression, de création, et d'apporter sa pierre à l'édifice, qui s'est construit en ce sens depuis le début.

Judith et Annabelle, bingo encore...

– En plus, souvent, l'engagement est lié à l'attachement que l'on éprouve vis-à-vis de sa *famille professionnelle de cœur*. Au-delà de la fin du contrat, lorsque les salariés quittent le groupe pour de nouvelles aventures, ils restent très liés à l'agence. Nous en avons encore eu la démonstration en juillet 2019 lorsque, à la traditionnelle fête interne de l'été à laquelle étaient conviés tous les « anciens », nous nous sommes retrouvés submergés par une foule de plus de 800 *alumni*. Nous y avons même revu des collaborateurs de Délires, la première agence fondée par Frédéric B. et Benoît D. il y a plus de 30 ans. Que ce soit chez les plus « jeunes » ou les plus anciens, on ressent parfois un phénomène de tribu très fort. Chez Heaven, l'agence de marketing digital de Hopscotch, les collaborateurs se voient attribuer un numéro d'ange à leur embauche qu'ils gardent même après leur départ, ce qui les inscrit définitivement au sein de la communauté.

– Le groupe, justement, relance Deborah, qu'est-ce qu'il apporte aux agences parfois très autonomes qui le composent ?

– C'est une bonne question, renchérit Lorraine. On trouve beaucoup de réponses dans nos échanges avec les nouveaux arrivants, mais également avec les personnes en départ ou encore celles qui reviennent. Une des forces de Hopscotch est constituée par les nombreuses expertises des agences et de leurs talents. Les collaborateurs sont stimulés régulièrement. Il y a une *culture de la curiosité, de l'innovation*, et aussi du *plaisir à travailler ensemble*. Cela se retrouve dans l'aménagement des locaux mais également dans les événements internes. Tout cela se manifeste aussi pendant la période toute particulière que nous vivons durant ce confinement. Il y a un partage important d'informations, de bonnes pratiques, de sujets culturels ou autres pour entretenir la curiosité et l'inspiration.

– Il existe une volonté de garder le lien au niveau de chaque équipe, observe Marie, mais également au niveau groupe, avec des temps informels comme tes *confibreaks*, Deborah, auxquels de nombreux collaborateurs participent pour le plaisir de se « voir » et s'entendre alors que chacun est retenu chez soi. Cette période met en lumière le fait qu'on est nombreux à avoir envie de se retrouver, de retourner travailler à l'agence pour produire ensemble, évidemment, mais aussi échanger, être près les uns des autres.

– Oui, on ne pensait pas, hein, qu'on aurait hâte de retourner au bureau ! Et puis, le groupe et son organisation permettent de nombreuses initiatives de développement et de formation. Cela a été le cas pour la formation managériale construite sur mesure pour permettre la diffusion d'une culture commune aux managers du groupe, fondée sur le courage, l'empathie, le *leadership.* Et nous avons conçu notre propre formation certifiante intitulée « Global PR », qui a pour objectif d'initier un nouveau métier de *créateur de relations*, avec une base digitale et une éducation à tous les métiers de la communication.

– Je l'ai faite cette formation, pendant 14 mois, dit Deborah en souriant. C'est un vrai creuset où les gens de toutes les structures ont appris à travailler ensemble et à découvrir le métier de l'autre.

– Plus de 120 collaborateurs l'ont suivie. Ce sont des marqueurs forts de cohésion, ici, renchérit Marie. Enfin, il y a toutes les initiatives autour de l'éthique, intégrant les dimensions de la RSE, qui sont des leviers de fierté et de sentiment d'appartenance importants. C'est le cas, par exemple, de la mise en place, en interne, d'une sensibilisation aux propos et aux comportements de non-respect, laquelle réaffirme des principes forts de fonctionnement et du mieux-vivre et mieux-travailler ensemble. C'est le cas aussi de nos engagements RSE. Pour moi, qui suis depuis 10 ans chez Hopscotch, le plus surprenant est que, malgré les nombreux changements du groupe depuis toutes ces années, avec des déménagements, de nouvelles acquisitions, des changements de noms, etc., beaucoup de gens sont restés, et certains sont même revenus. Cela peut s'expliquer, selon moi, par le fait que Hopscotch attache beaucoup d'importance à soigner les relations avec son écosystème, intégrant, bien sûr, les collaborateurs, mais également les *freelances*, les partenaires, les prestataires... avec lesquels nous sommes en relation. On observe un attachement qui dépasse le cercle des collaborateurs ou des *alumni* : l'écosystème *entier* peut être engagé auprès de Hopscotch.

– Mon sentiment, conclut Deborah, après avoir fait plein d'entreprises avant, c'est que l'engagement chez Hopscotch est en grande partie lié à la liberté accordée et encouragée par la structure de se sentir acteur de l'évolution de ce groupe, et non une fourmi anonyme au milieu d'une multitude.

COMMENT COMBATTRE L'INERTIE NATURELLE D'UN COLLECTIF DE SALARIÉS ?

Nous sommes maintenant dans un petit restaurant dont Deborah a le secret. Elle sait faire surgir les découvertes gastronomiques d'un quartier qui en est riche, et y emmène les collaborateurs avec lesquels elle crée des liens. Elle me rapporte la conversation qu'elle a eue avec Lorraine L. et Marie de B.

Interview de **Deborah D.** *par* **Laurence M.**

– Et toi, Deborah, quand tu es arrivée il y a 2 ans, ton poste n'existait pas. C'est toujours compliqué de faire en sorte que les gens consacrent leur énergie à des projets transverses qui ne sont pas dans leur feuille de route et n'enrichissent pas leur *business unit.* Comment fais-tu ?

– C'est vrai, chaque *business unit* est renfermée sur elle-même, surtout que les managers ont de gros objectifs, acquiesce Deborah. Une des solutions a consisté à proposer des événements transverses à la carte, pour adresser la diversité des sensibilités, des profils, des centres d'intérêt : petits déjeuners avec la direction, événements solidaires au moment de Noël, création d'une *team* de volontaires autour du développement durable, campagnes de sensibilisation à la diversité, mois sans tabac avec l'accompagnement d'une tabacologue, votre projet de livre écrit en collectif... autant de possibilités que de types de personnalité. Bien évidemment, il y a toujours eu les sempiternelles fêtes de l'hiver et de l'été, point d'orgue et exutoire de chaque fin de saison, mais on ne construit pas une identité avec des soirées, aussi réussies soient-elles.

– Même dans une entreprise à l'ADN événementiel...

– En effet, on ne peut pas se rater là-dessus... Un autre dispositif existe, qui a mis du temps à trouver sa place : il s'agit des « Hopcase », les présentations hebdomadaires en 30 minutes de *business cases*, pour informer chacun de ce que font les autres.

– C'est du *knowledge management* et une sorte de formation continue. Elles donnent ainsi la possibilité à chacun de pouvoir comprendre les métiers des autres.

– Et puis, poursuit Deborah, ces *best practices* renforcent le sentiment d'appartenance et de fierté, en même temps qu'elles favorisent la transversalité. Après un démarrage laborieux, des tâtonnements sur le lieu, l'horaire et le format, depuis plus de 18 mois, ces présentations remportent un franc succès. Avec le confinement, on les a transformées en rendez-vous Teams, avec un enregistrement disponible sur notre réseau social interne, et on a démultiplié l'audience par 5. En fait, le confinement a été, d'une manière assez paradoxale, un *formidable accélérateur de fierté et d'appartenance*. D'abord, parce que la direction du groupe a su tenir une communication hebdomadaire – soit par mail, soit *via* des conférences Teams – honnête, transparente et à l'écoute, en répondant à toutes les questions posées. Et, en parallèle, 2 fois par semaine, il y avait nos fameux *confibreaks* qui étaient proposés aux 800 collaborateurs du groupe, pour se retrouver pendant 45 minutes en visioconférence ; à chaque fois, un des dirigeants était présent pour échanger de manière totalement informelle. Un grand nombre de personnes de Hopscotch ont spontanément relayé ces initiatives sur les réseaux sociaux, ce qui n'était jamais arrivé auparavant.

– Et puis, il y a eu les initiatives pour la transformation du groupe pendant le Covid...

– À la fin du confinement, nos structures d'intelligence collective Beeshake[15] et Str!ke[16] ont proposé un dispositif inédit d'innovation ouverte, un hackathon hébergé sur notre plateforme collaborative nommé « Hop(e) » : on a proposé à tous les collaborateurs, en France et à l'international, de réinventer nos métiers de la relation post-Covid. Pour alimenter leurs réflexions, un programme Teams de conférences d'inspiration a été initié sur des sujets tels que les RP, les tendances de l'événement ou les réseaux sociaux de demain, dispensé par les équipes des différentes structures.

J'en profite pour féliciter Deborah sur le rôle moteur qu'elle a tenu lors du lancement de ce hackathon :

– Un vrai succès, ces séances d'inspiration. Pour moi, le secret du succès de l'*innovation sprint* est là : ça a maintenu la pression, donné des idées, montré qu'il y avait plein de monde sur le coup…

– Oui, plus de 150 personnes se sont connectées à chaque intervention avec des retours extrêmement positifs. Cet *innovation sprint* a duré 2 semaines, et c'est précisément à ce moment-là que nous avons pu évaluer l'engagement dont les salariés étaient capables : 72 projets proposés par plus de 180 collaborateurs du monde entier. À la fin du hackathon, 5 projets étaient déjà vendus ou mis en production. Certes, le groupe avait proposé des gratifications sous forme d'actions pour les finalistes, mais nous avons perçu que là n'était pas le moteur réel : le moteur, c'était le caractère d'urgence, l'émulation, l'envie d'être entrepreneur, de pouvoir proposer des idées en toute liberté, de participer, en quelque sorte, au sauvetage du soldat Hopscotch. On leur a permis d'être dans l'action. Et ça, en temps de crise, c'est inestimable… soit tu angoisses, soit tu agis… Ce qui est intéressant à retenir de cette accélération au cours du printemps 2020, conclut Deborah en finissant son café, c'est que les valeurs qui étaient promues par Hopscotch sur *manifesto* se sont incarnées : des valeurs faites d'entrepreneuriat, de

15. Fondée par Cécile Le Galès, la structure Beeshake propose une plateforme digitale et des dispositifs d'accompagnement à l'intelligence collective et à l'innovation participative.

16. Str!ke, animée par Laurence Malençon et Somalia Barro, est la cellule d'intelligence collective du groupe Hopscotch, avec un accompagnement planning stratégique renforcé.

responsabilité, de solidarité, où l'intelligence collective s'est érigée en évidence et, peut-être, l'avenir nous le dira, en fondation du renouveau.

L'ENGAGEMENT DES PUBLICS EXTERNES : L'IMPORTANCE DE MAÎTRISER SON BUZZ

En relisant les trésors de la pêche du jour sur l'engagement avec l'équipe des rédacteurs ALL WRITE, Somalia me fait remarquer que les communautés externes ne sont pas incluses dans les témoignages et les expertises récoltés sur l'engagement. « C'est important de récolter ce type de témoignages, dans le cadre de retours d'expérience d'une agence qui veut engager l'ensemble de l'écosystème d'une entreprise ou d'une marque, et pas seulement les cercles proches. »

Nous partons donc à la recherche de témoignages sur l'implication de communautés qui n'appartiennent pas à l'entreprise. J'en discute avec Corentin F., un des consultants les plus discrets et les plus mystérieux de l'agence PR. Derrière cette sobriété d'attitude et de parole se cache un slasheur fameux, une star de l'influence, en quelque sorte (je n'ai pas le droit d'en dire plus, mais je peux dévoiler tout de même un indice : il joue magnifiquement de la cornemuse). Il m'écoute avec une attention partagée, comme le font tous les *millennials*, en tapant à toute allure sur son clavier.

– J'ai le cas qu'il te faut... déclare Corentin au bout d'un moment. C'est plutôt un anti-cas, mais justement, c'est peut-être plus insolite, plus intéressant en termes d'apprentissage parce que quasi contre-intuitif. Dans nos métiers d'influence, il est parfois facile de réduire le succès d'une opération à un chiffre d'audience. Toucher un maximum de monde, faire le plus de bruit possible, n'est pourtant pas toujours le meilleur critère de réussite pour une opération de communication.

Parfois, une visibilité disproportionnée peut même être un facteur de *bad buzz*.

– Ah, ça m'intéresse, ton cas ! Tu peux m'écrire quelque chose là-dessus ?

– Oui, tu vas voir, c'est… magique !

>>> Par Corentin F.

Le 28 août 2019, Warner Bros. annonce la venue du Magicobus à Paris le 1er septembre, dans le cadre de l'opération marketing mondiale « Retour à Poudlard », qui met à l'honneur l'univers de *Harry Potter*. Leur communiqué parle d'un bus « recréé » pour l'occasion (le Magicobus est un bus à triple impérial) que les fans pourront visiter de 10 à 21 heures. Plusieurs *photo opportunities* seront mises en place, et la boutique en ligne officielle sera présentée aux visiteurs grâce à « un dispositif permettant à chacun de découvrir et cheminer à travers son large catalogue de produits », selon Warner Bros., le producteur de *Harry Potter*. Des cadeaux seront distribués tout au long de la journée.

L'information fait le tour de la Toile en quelques heures, atteignant même des sites de fans étrangers. *Harry Potter* est un sujet qui buzze naturellement, avec une *fanbase* considérable, et une telle opération suscite l'enthousiasme des foules. Malheureusement, l'information est également déformée : certains articles ou posts parlent d'un authentique véhicule venu directement de Londres, et d'une reproduction du Chemin-de-Traverse (la rue commerçante des sorciers) pour faire ses achats.

Le jour J, à l'ouverture, la file est déjà kilométrique. Certains fans sont arrivés dans la nuit, après plusieurs heures de route, pour être les premiers à accéder au dispositif. C'est un succès en termes de chiffres. Cependant, l'impact en matière d'image est désastreux : les médias présents sur place interviewent des fans déçus, voire en colère ou en larmes. Leurrés par des articles sensationnalistes, frustrés par des heures d'attente disproportionnées pour le contenu proposé, certains fans lancent même le hashtag #Tragicobus. Les centaines de cadeaux distribués n'y changeront rien ; il y a plusieurs milliers de personnes, et toutes ne pourront même pas accéder au bus malgré une fermeture retardée.

Des mois plus tard, certains fans citent encore cet exemple comme contre-feu pour ne pas s'enthousiasmer lorsque Warner Bros. annonce un événement. Ceux qui ne se sont pas rendus sur place se disent heureux de ne pas avoir fait le déplacement tant l'écho négatif est important. La confiance entre la marque et sa communauté névralgique est durablement rompue.

Le *bad buzz* aurait pu être limité avec une approche plus prudente en matière de communication. Cette opération marketing était calculée pour un public local, qui aurait pu se présenter au fil de la journée, à mesure que des photos étaient partagées sur les réseaux sociaux, avec l'aide de quelques influenceurs invités à l'ouverture. Une communication dans la presse le jour même aurait offert une couverture médiatique identique, tout en minimisant le risque de débordements sur le terrain.

En sous-estimant la viralité du sujet, répercuté bien au-delà des médias locaux en des termes sensationnalistes, et en sous-évaluant l'engagement des fans, les organisateurs se sont exposés au mécontentement de leur cœur de cible. La relation s'en est trouvée endommagée par une opération qui aurait dû – et pu – la renforcer, si le buzz en amont avait été mieux maîtrisé, et si on avait pensé à renforcer durablement la relation avec la communauté au lieu de faire le buzz.

– En fait, fais-je remarquer à mon équipe, cette histoire d'engagement, c'est comme dans cette situation de l'amoureux pour qui le témoignage de l'amour c'est d'aller *au-delà* de la demande, du contrat de base. Quelqu'un d'engagé, c'est quelqu'un qui va *au-delà* de ce qu'on lui demande et à qui on fournit des occasions efficaces de faire la différence.

– Oui, mais à condition que cela ait vraiment du sens, note Saad R., toujours sceptique sur la notion d'engagement collaborateurs.

– Et qu'on ne le mène pas en bateau…

SUM UP

L'engagement est le critère qualitatif le plus élevé d'une relation réussie. C'est également un critère de performance pour une marque ou une entreprise. La réussite de ces dernières se traduit souvent par une confiance partagée entre les parties prenantes et leurs différents publics.

Voici les points clés d'un engagement réussi :

» les conditions de travail de nos collaborateurs ont un impact sur leur productivité, et leur épanouissement enrichit le climat de l'entreprise ;

» l'épreuve du Covid rappelle que la mise en œuvre de ce cadre de travail est un enjeu permanent, qui se traduit par des investissements nécessaires dans la formation et dans l'accompagnement des personnes ;

» les retours d'expérience de Sagarmatha, notre agence de communication interne et du groupe Hopscotch, montrent que le plaisir et la confiance de nos collaborateurs génèrent des résultats et participent à fidéliser les talents, réduisant ainsi le *turn-over* et les coûts de recrutement et de formation associés. De plus, le bien-être physique et psychologique des employés augmente significativement leur productivité. La conséquence directe de cet état d'esprit est l'amélioration de la marque employeur et, à la fin de l'année, la performance financière notable de l'entreprise.

8 L'INTELLIGENCE COLLECTIVE DES ÉCOSYSTÈMES RELATIONNELS

AIR DU TEMPS

Par Flora L. : septembre-octobre 2020

Le virus n'a pas pris de vacances et le ton monte à la rentrée 2020. Il monte entre les candidats à l'élection présidentielle américaine, Donald Trump et Joe Biden, à l'occasion de vifs débats télévisés. Trump, le président sortant, poursuit sa croisade contre les réseaux sociaux comme TikTok dans un contexte de guerre commerciale avec la Chine. Le ton monte entre gouvernements sécuritaires et « anti-masques », lesquels crient à la dictature et manifestent dans plusieurs pays européens. Le mécontentement politique s'exprime au Liban, encore meurtri par la violente explosion qui a fait trembler le port de Beyrouth en août. Les critiques à l'encontre des dirigeants du pays – accusés de corruption et de négligence – poussent ces derniers à la démission.

L'assassinat de Samuel Paty, enseignant en histoire-géographie décapité par un jeune homme de 18 ans après avoir montré des caricatures de Mahomet en classe, choque la France tout entière et suscite de nombreux hommages. Le boycott de produits français dans plusieurs pays du Moyen-Orient, en raison de la publication de dessins du prophète, met en lumière la diversité criante de nos conceptions de la liberté d'expression.

La rentrée cristallise aussi les clivages entre opposants à la 5G et prosélytes du numérique. L'exécutif français prend rapidement position, préférant l'alternative « French Tech » au « modèle amish ». Plus question de prendre du retard dans la course à la technologie mondiale, alors que la France souffre d'un complexe d'infériorité en la matière et bouillonne de discussions autour de la souveraineté numérique...

La crise du Covid-19 ne balaie pas non plus celle des migrants, qui continuent de se noyer dans les eaux de la Méditerranée. Un drame qui inspire le *street artist* engagé Banksy et relance les débats sur le règlement de Dublin et la responsabilité des États européens dans les opérations de secours de la région.

Dans l'attente d'un vaccin, qui n'est toujours pas disponible, les mesures sanitaires se durcissent. Les chiffres de contaminations, quant à eux, repartent à la hausse et les températures de l'hémisphère nord refroidissent. L'entrée dans l'automne est plus morose et rigoureuse que jamais. Fin octobre, la France se calfeutre à nouveau et se prépare pour le confinement, saison 2.

L'INTELLIGENCE COLLECTIVE : LE NOUVEAU CONTRAT RELATIONNEL

Notre enquête collective sur le futur de la communication a bien progressé. Nous avons pu dessiner la manière dont nous concevons notre métier :

- proposer aux marques et aux organisations de se mettre au service de leurs communautés, y compris les plus spécifiques, les plus difficiles, *a priori*, à atteindre ;
- contribuer à développer leur valeur en les aidant à constituer un *capital relationnel puissant*, qui leur permettra, notamment, d'enrichir

leur business d'origine par de multiples meta-business avec leurs communautés, et de protéger leur réputation avec une coalition d'alliés précieux dans des situations cruciales de leur vie ;

- mesurer ce capital relationnel avec des outils *ad hoc* ;
- s'appuyer sur les nouvelles possibilités digitales d'interaction et d'éditorialisation pour renforcer les liens avec leurs communautés ;
- arrêter la communication descendante, les faux indicateurs d'engagement comme les *like*, et donner de l'importance à la vraie conversation et aux interactions enrichissantes ;
- proposer un engagement de qualité, à l'intérieur et à l'extérieur de l'entreprise, en donnant le pouvoir aux publics (collaborateurs, fans...).

À ce stade, il est essentiel de faire une large place à l'intelligence collective.

Pourquoi ? Parce que faciliter l'intelligence collective, c'est proposer un changement de paradigme selon lequel l'approche verticale du communicant, « qui pense et opère la communication », se gomme au profit de sa capacité à écouter, à faire émerger les voix des parties prenantes et à les amener à converger vers une vision commune sur laquelle communiquer. Une nouvelle phase d'alignement avec les parties prenantes viendrait donc précéder toute tentative de communication. Ce paradigme d'horizontalité et d'égalité induit de profonds changements de posture de culture, de pratiques et d'outils. Il propose également de construire du commun ; il se présente comme une opération de maïeutique qui consiste à faire accoucher la communauté de sa mission, de ses valeurs, de ses ambitions : autant de points qui font de la communication un acte concret.

Comment ? La facilitation de l'intelligence collective est une façon d'explorer le capital humain des organisations et des communautés plus en profondeur. Les pratiques d'alignement ont pour objectif de faciliter les interactions et les conversations d'égal à égal ; elles permettent à ces organisations ou communautés de s'aligner sur des enjeux communs.

Portée par le fonctionnement horizontal en réseau, l'intelligence collective est l'émanation logique de tout collectif. Faciliter l'intelligence collective c'est ainsi :

- recevoir la confiance et la responsabilité d'accompagner une communauté ;
- garantir à une organisation ou à une communauté des temps privilégiés pour explorer ses besoins, individu par individu lorsque c'est nécessaire ;
- poser le cadre d'une expression horizontale et libre ;
- accompagner les membres d'une communauté dans la résolution autonome de leurs problématiques ;
- transmettre la culture de l'horizontalité afin d'autonomiser le groupe dans sa pratique.

Déployée dans la durée, la facilitation de l'intelligence collective a pour incidence de responsabiliser pleinement les membres d'une organisation ou communauté.

Déployée dans la sincérité, la facilitation de l'intelligence collective permet de créer un nouveau contrat relationnel dans lequel l'horizontalité prime entre des interlocuteurs directs ou indirects.

Pour cette raison, cette approche favorise l'engagement au sein de ladite communauté.

Appliquée dans le domaine militant, on dit que la facilitation de l'intelligence collective est une démarche d'« encapacitation » (traduit de l'anglais *empowerment*). Cette démarche conduit effectivement à donner de nouveaux moyens aux collectifs militants pour rendre plus efficace leur mobilisation.

LA RÉVOLUTION DE L'INTELLIGENCE COLLECTIVE A EU LIEU

>>> Par Pauline T., Cécile L., Somalia B. et Laurence M.

Au rez-de-chaussée se trouve une équipe bien ancrée dans la tech française. Aussi pluridisciplinaire que polyvalente, Beeshake développe depuis 2017 une plateforme d'intelligence collective et d'innovation participative. Sa mission ? Développer et améliorer sans cesse son logiciel, une plateforme digitale permettant aux collaborateurs d'une entreprise de proposer de nouvelles idées ou projets pour améliorer les produits, process ou services de leur organisation. Son mot d'ordre ? « C'est celui qui fait, qui sait. » Au milieu des talents du développement Web, deux jeunes femmes souriantes travaillent d'arrache-pied pour faire connaître Beeshake et promouvoir l'intelligence collective en entreprise : Cécile L.G. a fondé Beeshake à l'incubateur HEC, avec la conviction qu'il manquait aux entreprises un outil d'*empowerment* et d'animation qui donne la parole au terrain ; Pauline T.L., qui l'a rejointe quelques années plus tard, est une communicante passionnée par les enjeux de la communication interne et de la collaboration en entreprise. Elles ont fait prendre à Beeshake le virage de l'intelligence collective et sont devenues sur le Net une référence de cette discipline. Elles interrompent leurs tâches pour développer leur vision 2021 de cette approche, une des plus demandées par les entreprises pendant le Covid.

L'intelligence collective : faire évoluer nos cultures managériales

L'intelligence collective est un terme utilisé en France pour désigner l'ensemble des méthodologies collaboratives en entreprise ou au sein des organisations. Ces méthodologies, vous les connaissez : agilité, *design thinking*, méthode Scrum. Les théories organisationnelles sont moins connues, mais elles se font une place : entreprise libérée, opale, holacratie, sociocratie...

S'il est difficile de les résumer tant leurs racines sont diverses, ces méthodologies sont issues de réflexions autour d'un modèle organisationnel contemporain fluidifié et en recherche de sens. Souvent utilisées comme des outils, elles véhiculent une approche culturelle de l'organisation qui est plutôt en rupture avec le modèle français dominant.

L'intelligence collective : quelle place pour l'expertise ?

L'intelligence collective illustre le passage en maturité de toute collectivité. Elle est adaptée aux situations complexes, à l'impermanence et à l'absence de visibilité. C'est le processus qui donne le pouvoir à un collectif de se constituer, de définir ses buts, d'appréhender des contextes complexes, de s'organiser et de créer et mettre en œuvre ses propres solutions. Ce que nous avons éprouvé dans de multiples entreprises et en l'appliquant nous-mêmes, c'est qu'elle ne signe pas la fin de l'ère de l'expertise (comme on aime à le dire en opposant les systèmes *top-down* et *bottom-up*[1]) ; au contraire, elle intègre ces experts au sein d'un collectif qui va donner encore plus de valeur aux compétences de ces derniers.

L'expérimentation politique de la facilitation

Sur fond de mouvements sociaux quasi épidermiques, qui s'opposent à toute forme d'élitisme, de technocratie ou de posture « jupitérienne », le Grand Débat national et le travail de la Convention citoyenne pour le climat ont marqué l'avènement de l'intelligence collective sur le devant de la scène politique et entrepreneuriale. Il s'agissait plus d'un coup de projecteur que d'une apparition, puisque ces *process* sont à l'œuvre en

1. *Top-down* et *bottom-up* désignent deux modalités de gouvernance opposées. Le *top-down* est une approche descendante ou verticale, de haut en bas, tandis que le *bottom-up*, approche ascendante ou horizontale, émane de la base pour aller vers le haut dans une volonté d'autonomisation.

entreprise depuis les années 2010, soutenus par les mouvements de *design thinking.* Mais ce qui est nouveau, c'est la manière dont l'intelligence artificielle permet aujourd'hui une puissance d'analyse décuplée, évitant la déperdition, ainsi qu'une capacité à transposer ou associer une suggestion pour multiplier les pistes créatives.

La manière dont le Grand Débat national a été analysé permet de se faire une idée des apports de l'intelligence collective. Antoine B., directeur exécutif chez Bluenove, une des 3 agences à avoir été mandatées par le gouvernement pour orchestrer le Grand Débat, est venu chez Hopscotch nous le raconter. La première fois que je l'ai rencontré, c'était au secrétariat d'État chargé du Numérique, lors d'une réunion de préparation de la Conférence de Paris sur l'*open data* et le gouvernement ouvert initiée par Etalab. Dans les derniers rangs, Antoine chahutait joyeusement les prises de parole compassées de nos dirigeants politiques. Il venait de fonder le collectif citoyen les « 100 Barbares » et s'occupait, entre autres activités, de faire progresser la démocratie. Peu après, il était rentré chez Bluenove, une start-up pionnière dans l'intelligence collective à grande échelle.

Début 2018, nous apprenions que Bluenove avait été sélectionnée par l'État pour analyser les contributions libres du Grand Débat, soit plus de 2,5 millions de contributions... le tout en moins d'un mois et demi ! Début mars, les contributions étaient closes, et le 19 avril, Bluenove rendait compte de ses premières analyses. Le tour de force relevait de la magie pure, il fallait absolument rentrer dans le détail du *process* pour en savoir plus.

Ce qu'Antoine nous décrivit alors nous captiva : pour analyser les 2,5 millions de contributions libres du Grand Débat, Bluenove, associée au cabinet Roland Berger[2] et à la plateforme d'intelligence artificielle cognitive basée sur le traitement du langage Cogito, avait repéré toutes les répétitions, occurrences et regroupements de mots utilisés les plus fréquemment dans les contributions. Ils avaient établi une sorte d'arbre de la connaissance en distinguant les *préoccupations* (exemple : « le sort de la planète »), les *propositions* (exemple : « accélérer le

2. Cabinet de conseil en stratégie.

déploiement de l'électrique dans la ville »), les *idées* (exemple : « un circuit de ramassage citoyen des batteries à recycler »), et enfin, les *arguments* (pour ou contre) avec une analyse de ces idées.

Cet arbre de la connaissance autorisait ainsi une granularité assez fine de manière à :

- **Obtenir un rendu fourni du sentiment des publics** : le consortium s'était engagé à traiter toutes les contributions représentant plus de 1 % des points de vue, et c'est, en effet, l'un des avantages majeurs de l'intelligence collective que de pouvoir restituer une problématique dans sa richesse et sa nuance.
- **Enrichir considérablement la matière initiale** : 1) en additionnant les apports de tous sur un sujet ; 2) en transposant les meilleures solutions dans un domaine dans d'autres domaines ; 3) en générant des propositions supplémentaires grâce à une méthode d'association d'idées.

En un temps très court, cette approche permet de générer une batterie d'idées.

Construire en collectif la stratégie et la vision d'une entreprise

Selon une étude BVA de décembre 2018, « communiquer et engager les collaborateurs » est un facteur de réussite pour 55 % des entreprises et 63 % des salariés, notamment dans l'appropriation de la stratégie de l'entreprise. Rien d'étonnant, donc, à ce que de plus en plus d'entreprises internationales et françaises demandent à coconstruire leur raison d'être ou leur plan stratégique avec leurs collaborateurs.

En 2017, Bouygues Énergies & Services a élaboré en collectif son grand plan stratégique pour 2020, et défini des axes de transformation culturelle, de nouveaux axes stratégiques et un programme d'intrapreneuriat transverse en intelligence collective, « Bouygues Makers ».

En juin 2018, Engie a lancé des débats en ligne ouverts à tous les salariés du groupe, « Imagine 2030 ». Cette démarche, inédite pour Engie, a permis d'impliquer les 150 000 collaborateurs d'Engie dans la construction de sa vision et de sa stratégie. De juin à octobre 2018, « Imagine 2030 » a rassemblé 15 500 participants dans plus de 70 pays, générant près de 30 000 contributions, dans 14 langues, sur leur plateforme digitale.

D'autres très beaux projets d'intelligence collective ont été outillés et accompagnés par Beeshake. Par exemple, Carmila, troisième société cotée de centres commerciaux en Europe continentale, a fait appel à Beeshake en plein confinement (printemps 2020) afin de lancer une plateforme d'innovation participative. Permettant d'organiser des challenges thématiques d'idées, cette plateforme a été inaugurée avec pour objectif de valoriser les femmes et les hommes du terrain en écoutant leurs idées. Beeshake travaille également avec des entreprises comme l'OFII ou Gamm Vert afin de stimuler l'intelligence collective parmi les collaborateurs dispersés en France ou dans le monde.

Briser les silos, améliorer la transversalité et transformer la culture d'entreprise fait désormais partie des demandes fréquentes. Cette démarche permet de positionner les collaborateurs du terrain qui partagent leurs connaissances, leurs compétences et leurs idées, en améliorant aussi bien la qualité de vie au travail que la performance des organisations.

L'AVENTURE DE L'INTELLIGENCE COLLECTIVE CHEZ HOPSCOTCH : LE STR!KE

Les ateliers de création en coconstruction

>>> Par Laurence M.

En complément de l'activité de Beeshake, Str!ke, la cellule d'intelligence collective du groupe Hopscotch, met l'accent sur la facilitation et l'expertise stratégique pour aboutir à l'élaboration de véritables stratégies marketing, de communication interne et externe, ou de RSE élaborées en collectif par les membres d'une entreprise. Ce qui est inédit ici, c'est de rassembler le planning stratégique et l'intelligence collective au sein d'un même pôle, afin de garantir des livrables stratégiques à l'issue des ateliers.

Le Str!ke, c'est en premier lieu une aventure intrapreneuriale. Fin 2018, en effet, il a été décidé de créer, pour l'ensemble des structures Hopscotch, une cellule d'intelligence collective ; l'idée afférente était de mieux faire travailler les structures les unes avec les autres, notamment dans l'élaboration de plans de communication complexes, faisant appel à plusieurs métiers. Nous avions également en tête de travailler davantage avec nos clients, et nous pensions que chacun détenait une partie de la solution : autant la faire advenir ensemble. Nous nous rendions compte que nos programmes relationnels demandaient une coconstruction solide débouchant sur des actions efficaces. Enfin, nous voulions gagner du temps par rapport aux processus habituels de travail (nombreux allers-retours).

Thibaut L., un étudiant en innovation à Dauphine passé par une expérience en incubateur, nous a rejoints pour monter une cellule composée de collaborateurs représentant des métiers très divers et différentes entités du groupe : Christèle B., directrice conseil et innovation chez Sagarmatha, Norman B., designer inspiré de Hopscotch Luxe, Anne T., directrice de création chez Hopscotch Events, Pasquale F., UX designer, et Hadrien D., stagiaire passionné de sciences humaines, de design et de digital.

Le lendemain de l'arrivée de Thibaut, nous attaquions notre premier atelier d'intelligence collective. Il s'agissait de refonder l'événement des Universités d'Été du MEDEF avec les membres de la direction générale, de la direction événementielle, de la direction de la communication et de plusieurs experts Hopscotch provenant de la division Event. À l'issue de ce premier atelier, nous nous sommes rendu compte de la puissance de la démarche collective : le positionnement et le format du nouvel événement avaient été définis après une réunion intense de 4 heures seulement, et en engageant les équipes concernées au Medef. De plus, nous étions en possession de renseignements précieux, non seulement sur les retours d'expérience des éditions antérieures, mais aussi sur la manière dont notre client fonctionnait en interne.

Depuis cette première expérience, nous avons effectué une cinquantaine d'ateliers dans toutes les configurations possibles : pour des problématiques de communication, de marketing, en interne ou avec nos clients, pour des appels d'offres ou en suivi ou renouvellement de contrat, en petit groupe ou avec un grand nombre de gens, et depuis le confinement, en « phygital » ou en « pur digital ». De plus en plus, nous quittons le domaine de la communication pour nous attaquer à d'autres savoir-faire : organisation, RSE, innovation.

À chaque fois, la puissance des méthodologies de l'intelligence collective se confirme : solutions inédites, capacité à les améliorer en direct, connaissance approfondie des entreprises et des organisations de nos clients, facilité à prioriser et à faire des choix, renforcement de la relation par le travail en commun et l'expérience de la créativité… Comme ces ateliers faisaient mouche à tous les coups, nous les avons appelés les « Str!ke », en référence au bowling… avec pour mot d'ordre : « Dégommez vos vieilles façons de travailler. » Les vieilles façons de travailler, c'était en chambre, en défiance, en communication descendante : nous voulions inviter à passer à l'instantanéité, à la rapidité, à la fluidité, au dialogue et à la création démultipliée de solutions.

Au fur et à mesure, nous avons dégagé 3 cas de figure où les ateliers d'intelligence collective étaient particulièrement efficaces pour nos clients :

- **En amont des campagnes de communication**, pour retravailler le positionnement de marque, d'entreprise, de campagne. Nous nous sommes aperçus que lors d'un positionnement, différentes divisions de l'entreprise étaient concernées : marketing, communication, direction générale, ressources humaines, R & D, transformation, innovation, RSE... D'où l'intérêt de les rendre parties prenantes du processus de réinvention.
- **En renouvellement de campagnes ou de plans de communication**, pour trouver de nouvelles idées, de nouveaux moyens de toucher et d'engager les publics.
- **Pour aligner les différentes divisions de l'entreprise** sur la réorientation des plans stratégiques et la constitution des feuilles de route.

Pour booster nos séances de création, Thibaut et Pasquale, notre UX designer, ont eu l'idée de créer un jeu : le jeu Str!ke.

Point de vue

LE JEU STR!KE POUR CONCEVOIR DE NOUVELLES IDÉES DE CAMPAGNE EN EXPRESS

La création est fondée sur une mécanique d'association d'idées : avec un guidon et une selle, Picasso crée une tête de taureau. Mais quand la création n'est pas votre fort, vous aurez, au début, du mal à combiner ces références. Aussi, le jeu d'idéation du Str!ke donne de multiples idées de communication à assembler les unes aux autres pour dépasser les inhibitions de la créativité, et inventer rapidement de nouvelles stratégies.

Nous avons rassemblé dans ce jeu 5 ans d'idées créatives de toutes les entités de Hopscotch (événement, relations publiques, digital) et nos meilleures méthodologies. Cependant, pour créer de véritables idées créatives, il faut dépasser la simple logique d'assemblage, aussi avons-nous introduit des cartes aléatoires qui retranscrivent les enjeux majeurs de la communication : faire ressentir, faire considérer, inclure.

Voulez-vous jouer avec Hopscotch ?

» Chaque groupe pioche un set de 6 cartes (1 carte de chaque nature).

» Chacun fait des associations de son côté sur la base de cette pioche pendant 5 minutes.

» Le groupe échange, retient et peaufine les 3 meilleures idées.

» Ces idées sont ensuite rangées sur une matrice de priorisation.

Comment diffuser la culture de l'intelligence collective ?

Pour donner de la valeur à notre travail autour du capital relationnel, il était essentiel de pouvoir faire travailler nos communautés ensemble. Pour cela, il fallait que les méthodologies du Str!ke soient diffusées le plus largement possible dans les différentes agences du groupe. Aussi avons-nous choisi un système d'ambassadorat en faisant un appel à volontariat auprès des collaborateurs de chaque entité pour recruter des ambassadeurs : ces derniers seraient formés à nos méthodologies, et aptes à organiser eux-mêmes des Str!ke avec leurs clients. Au cours de l'année qui a suivi, nous avons pu former une quarantaine de personnes. De la même manière, nous intégrons systématiquement des experts Hopscotch de toutes les disciplines de communication dans les ateliers. Cela permet d'ouvrir les campagnes conçues à d'autres dispositifs auxquels nous n'aurions pas pensé au départ.

Aujourd'hui, les Str!ke sont systématiquement présentés dans nombre de recommandations Hopscotch. Petit à petit, cette façon de travailler le collectif change les mentalités.

LES CONDITIONS DE SUCCÈS DE L'INTELLIGENCE COLLECTIVE

Établir une culture commune

>>> Par Pauline T. et Cécile L.

Fonctionner en intelligence collective suppose le partage d'une culture commune. Cette culture est fondée sur des qualités humaines et des expertises spécifiques : un état d'esprit constructif, un cadre de communication non violente, la capacité à élaborer en fonction de ce que dit l'autre, un talent pour lever les freins, les préventions, les inhibitions qui se révèlent souvent en groupe, la rapidité de pensée, la capacité à visualiser un système, le sens du *timing*, une belle énergie, beaucoup d'empathie. C'est pourquoi la formation d'ambassadeurs qui diffusent cette culture d'intelligence collective au sein des organisations s'avère essentielle pour qu'elle prenne corps.

Point de vue

COMMENT CRÉER UNE CULTURE PROPICE AU DÉVELOPPEMENT DE L'INTELLIGENCE COLLECTIVE ?

Par Saad R.

La diffusion de cette culture dans les organisations fascine Saad R., qui y voit la clé d'un progrès sociétal. Quels sont donc ses fondamentaux ?

En premier lieu, la notion d'intelligence collective sous-entend la contribution du collectif. Pour ce faire, un espace de parole bienveillant doit être mis en place afin d'accueillir, sans jugements de valeur, l'ensemble des idées des collaborateurs identifiés – ou non – comme volontaires ou compétents sur les sujets abordés. C'est une culture plus clémente face à l'erreur, dans laquelle chacun peut exposer ses idées et proposer un point de vue différent sur le thème traité, sans craindre d'être repris ou moqué ; une culture résolument positive qui privilégie les « oui, et » aux « non, mais ».

Il peut arriver, cependant, que la censure ne vienne pas des personnes présentes mais du contributeur lui-même, lorsque celui-ci estime qu'il n'est pas apte à intervenir sur certains sujets, ou que ses idées ne sont pas assez pertinentes. L'environnement bienveillant permettra aux personnes introverties d'être plus impliquées dans les échanges, et sera particulièrement bienvenu dans une culture d'entreprise verticale.

La culture de l'intelligence collective valorise les apports que peuvent fournir des profils différents et atypiques dans l'avancement vers la résolution d'un problème. Il est donc préférable d'inviter à participer aux discussions des personnes issues de parcours divers et aux expertises plus ou moins proches du thème traité. Les points de vue d'experts viendront nourrir les prémices de pistes proposées par les novices.

Toute divergence de points de vue, toutes les manières de penser, toutes les opinions contradictoires pourront être intégrées avec un peu de savoir-faire et donneront lieu à des contrepoints fructueux. À l'inverse, on se privera de solutions originales, innovantes et riches avec un groupe aux trajectoires identiques, aux expertises semblables et aux opinions convergentes.

Il faudra faire attention à réaligner régulièrement les participants sur le contexte, les outils à disposition et les objectifs à atteindre au terme de l'atelier, afin de faire progresser tous les efforts fournis dans le même sens et de produire des livrables efficaces.

Voici quelques observations issues de nos expériences depuis 2 ans au sujet de la culture de l'intelligence collective.

Il convient de dégager et d'investir le temps et l'énergie nécessaires. Car *l'intelligence collective prend du temps* : il faut bien préparer le déroulé de la séance, passer du temps à briefer, à sensibiliser les participants. On conseille de donner du rythme aux ateliers. *Mieux vaut un atelier dynamique, même un peu court*, que trop de temps passé sur un exercice : les participants vont commencer à regarder leur portable, et il sera bien difficile de les récupérer ensuite.

Il faut veiller aussi à *bien délimiter la problématique en amont*. Dans tout groupe il y a un potentiel de dérive, et tant mieux : le contraire signifierait que l'on ne tient pas compte de ce qui est apporté et susceptible de modifier le déroulé de l'atelier. C'est pourquoi il faut passer du temps avec le commanditaire pour répondre aux questions « que veut-on obtenir ? » (des solutions, de l'adhésion ? de l'acculturation sur un sujet ? est-ce une problématique de communication que l'on traite ? une problématique d'organisation et de management ?) et « quels sont les enjeux sous-jacents ? ». C'est en effet souvent à la lumière des enjeux implicites que le succès du groupe sera *jugé*. À la fin de l'atelier, il faut accorder du temps aux phases de priorisation : ce sont ces phases qui vont permettre de voir quelles sont les solutions qui suscitent l'adhésion, et pourquoi. On a souvent tendance à les éliminer par manque de temps… mauvaise idée !

Enfin, il faut prendre le temps d'*analyser tous les documents relatifs au contexte de la problématique que l'on traite* : *quid* de la stratégie ? des enjeux ? de l'organisation de l'entreprise ? des antécédents sur le sujet ? de la culture de l'organisation ? Il est très rare qu'un *benchmark* de ce que font les concurrents et/ou les entreprises inspirantes ne soit pas nécessaire. Il faut penser aussi à bien étudier, avec le commanditaire, la liste des participants, leur fonction, leur personnalité, leurs récents accomplissements, etc.

Bien choisir ses outils ou sa méthode de facilitation

Les outils et méthodes d'intelligence collective sont innombrables et souvent similaires. En s'acculturant à la pratique, vous pourrez rapidement construire votre boîte à outils en fonction des objectifs les plus courants :

- réfléchir, approfondir une question ;
- innover et faire de l'idéation ;
- créer l'avenir collectivement, définir une raison d'être ou une vision ;
- prendre des décisions, gouverner collectivement ;
- dénouer les blocages ;
- construire et renforcer une équipe ;
- apprendre les uns des autres, partager les bonnes pratiques et les savoir-faire de chacun.

Les outils de définition de la vision

Nous avons déjà présenté la *Social Map*, qui permet de définir l'écosystème de l'entreprise, la marque ou l'organisation sur laquelle on travaille, ainsi que les liens que l'on veut créer avec ses publics.

Voici un autre de nos outils préférés : l'*étoile du positionnement*. Elle permet de travailler et de créer collectivement la plateforme d'une marque ou d'un programme. On peut rédiger toutes les branches de l'étoile directement ou bien de manière détournée en utilisant des exercices (par un portrait chinois de la marque, par exemple).

Chez Hopscotch, nous soignons particulièrement la branche de la relation, qui nous permet de construire le capital relationnel de la marque : quel type de relation voulons-nous créer, et comment allons-nous nous y prendre ? Plus de services ? Plus d'affinitaire ? Plus d'expertises ? Etc.

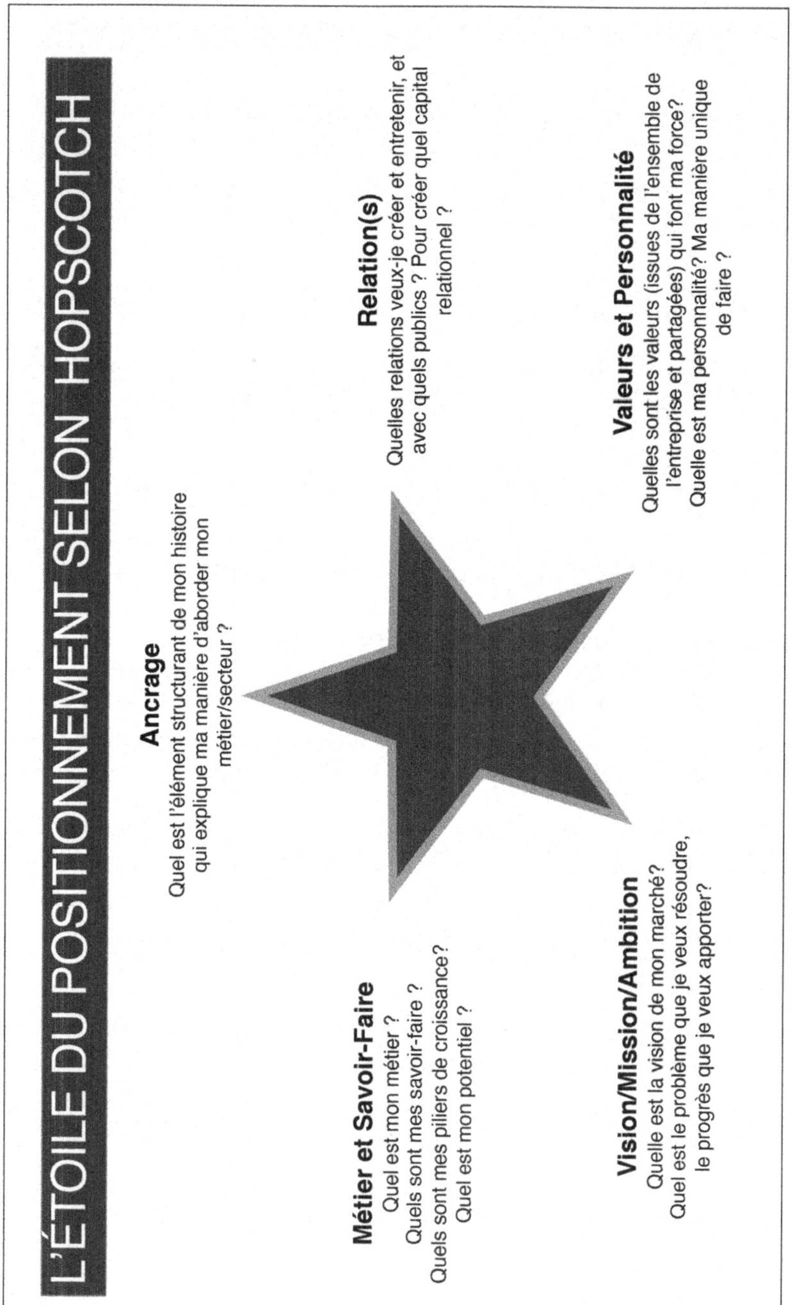

L'étoile du positionnement

Source : Groupe Hopscotch.

Les méthodes d'idéation

Le « World Café » est un peu la star de l'intelligence collective avec les méthodes de priorisation. Il permet de partager les résultats de séances d'intelligence collective composées d'un grand nombre de personnes réparties en sous-groupes. Chaque sous-groupe se réunit autour d'une table et est invité à échanger, partager, s'interroger autour de son axe de réflexion. Toutes les 20 minutes, les groupes changent de table, sauf une personne, qui exposera aux nouveaux arrivants le résultat des travaux de son groupe. Chaque nouveau groupe sera alors invité à commenter et à enrichir ces résultats pour un résultat final incroyablement riche.

Les outils de *knowledge management*

Les outils de *knowledge management* permettent de transformer une organisation en entreprise apprenante, c'est-à-dire « une organisation qui met en place une culture, des comportements et des *process* pour favoriser le développement des compétences de chacun[3] ».

Voici quelques outils de *knowledge management*.

- Le ***Brown Bag Lunch*** (BBL) fait référence au sac en papier marron dans lequel on glisse son déjeuner. Il s'agit d'un moment informel qui permet à vos collaborateurs d'apprendre les uns des autres le temps d'une pause déjeuner. Chaque mois, un groupe de collaborateurs se réunit pour déjeuner, généralement dans une salle de réunion. L'un d'entre eux va partager une de ses expertises, ce qui sera l'occasion pour les autres d'éveiller leur curiosité, d'apprendre de nouvelles choses et de s'ouvrir à de nouvelles compétences. C'est aussi le moment de poser des questions. Au *Brown Bag Lunch* suivant, un autre expert prendra la parole sur un nouveau sujet. Une organisation est composée de multiples talents et il s'agit bien de les faire circuler. Plutôt que de payer, parfois très cher, des sessions de formation, pourquoi ne pas commencer par capitaliser sur la richesse que l'on possède déjà ?

3. Définition de Franck La Pinta.

- **Le principe de l'appel à savoir-faire** consiste à recenser les connaissances et les compétences dans une organisation afin de mieux faire circuler l'intelligence collective. Il nécessite une étape de collecte puis une étape de partage : dans un premier temps, il convient de réaliser une enquête pour prendre connaissance de toutes les compétences et savoirs qui existent dans l'organisation. On demande, par exemple, à chaque collaborateur de noter ses 3 compétences principales. L'on met ensuite cette liste de compétences à disposition de tous les collaborateurs. Dès qu'une personne aura besoin d'aide sur un sujet spécifique, elle n'aura qu'à contacter la ou les personnes maîtrisant ce sujet.
- **La positivation du réel** est un ensemble de démarches (*Bright Mirror*, atelier en démarches participatives) qui consistent à envisager un futur motivant et à définir des actions pour atteindre ce futur. Plutôt que de s'arrêter sur les obstacles qui les empêchent d'atteindre ce futur, les participants réfléchissent à leurs leviers de réussite. Objectif : capitaliser sur ce que l'on fait bien et que l'on pourrait généraliser ou faire plus souvent. Ces séances permettent de convoquer une puissante énergie positive. Particulièrement utiles en période de transformation, elles proposent aux collaborateurs d'envisager des futurs souhaitables, dans lesquels ils ont envie de s'engager.

***

L'intelligence collective, c'est sûr, est, avec le digital, un des fondements dont la communication avait besoin pour se transformer. Combien de fois avons-nous été exaspérés par ces campagnes magnifiques en faveur de grandes causes, conçues pour récolter des prix dans les festivals publicitaires, à propos desquelles on aime raconter qu'elles changent le monde alors que nous savons bien qu'elles glissent sur le réel, donnant, au mieux, un coup de projecteur, tandis que le véritable travail se fait ailleurs, dans la résolution des problèmes avec toutes les parties prenantes.

L'intelligence collective permet à la communication de plonger plus profondément dans la chaîne de l'efficacité en transformant l'énergie en action. Désormais, lorsque nous rassemblons nos communautés, nous élaborons des plans d'action riches, diversifiés et robustes.

La dernière chose qui transforme radicalement la communication et qui, peut-être, la fera vaciller le plus sur ses fondements, c'est la lame de fond de la responsabilité sociale et environnementale (RSE). Comment nous la vivons chez Hopscotch, c'est ce que nous allons voir maintenant.

SUM UP

Les organisations et les structures autoritaires montrent leurs limites dans un environnement de plus en plus complexe, où les paramètres externes sont trop nombreux et changeants pour être appréhendés par une vision centralisée. Se fonder sur l'intelligence collective pour diriger, c'est augmenter la capacité des collaborateurs à créer de la valeur, matérielle et immatérielle, pour l'entreprise.

L'intelligence collective et ses méthodologies rigoureuses sont en train de prendre racine au sein des organisations pour identifier les idées porteuses, transcender les désaccords et délivrer des actions plébiscitées, des stratégies coconstruites sur mesure. L'intelligence collective devient peu à peu une clé et pour la gestion de projet, et pour le management. Cette compétence transverse a vocation à venir consolider des gouvernances de plus en plus agiles, qui répondent aux standards de générations plus autonomes.

Sur le plan technique, les start-up discrètes de l'intelligence collective ont fait un bond en avant et mûrissent, notamment depuis le Grand Débat national. Cet événement démocratique innovant a témoigné de la possibilité technique de s'appuyer sur l'ingénierie informatique pour associer des millions de citoyens à la transition et traiter efficacement leurs contributions. L'intelligence collective à grande échelle a fait ses preuves et soutiendra des gouvernances de plus en plus ouvertes, tant dans les entreprises que dans nos institutions.

9 L'ENTREPRISE CONTRIBUTIVE

AIR DU TEMPS

Par Flora L. : novembre 2020

Séisme dans le paysage politique international : le démocrate Joe Biden, figure de sagesse et de résilience, devient le 46e président des États-Unis d'Amérique avec, à ses côtés, l'ambitieuse Kamala Harris, première femme vice-présidente de l'histoire du pays. Après un interminable décompte des votes, l'homme triomphe face au provocateur Donald Trump, qui conteste néanmoins les résultats et peine à reconnaître son inexorable défaite.

Le mois de novembre apporte de l'espoir. La perspective d'un vaccin se rapproche, les laboratoires rivalisent d'annonces et promettent des vaccins efficaces à presque 90 % contre le Covid. L'Europe se prépare à vacciner ses populations dès le mois de décembre. En attendant, les Français se réhabituent aux attestations de déplacement pour sortir de chez eux et se questionnent sur le déroulement des fêtes de fin d'année. Pourra-t-on se réunir en famille pour Noël ? Comment préserver nos aînés de la solitude alors que la moitié de la population envisage de ne pas passer ces traditionnelles célébrations en famille ? Sans surprise, les contacts humains se recentrent sur le premier cercle, et les Français prévoient des repas festifs dans l'intimité familiale. Consommer est tout aussi problématique : Black Friday reporté, et interdiction de l'accès aux rayons dits « non essentiels » dans les grandes surfaces pour limiter la concurrence déloyale avec les petits commerçants contraints de fermer. Image étrange dans les allées des supermarchés de l'Hexagone : des rayonnages entiers de livres et de produits d'hygiène sont recouverts de bâches et encerclés de barrières.

Enfin, l'image des forces de l'ordre ne cesse d'être ternie par une succession de scandales d'usage illégal de la force. Une proposition de loi du gouvernement, visant à interdire la diffusion de vidéos de policiers si celles-ci portent atteinte à leur intégrité physique ou psychique et si leurs visages ne sont pas floutés, fait polémique. De nombreux journalistes, aux côtés d'Amnesty International, dénoncent une atteinte à la liberté d'informer. Un rapport ambivalent aux forces de l'ordre s'installe, dans un contexte de privations généralisées de liberté. Des manifestations qui contrastent fortement avec les applaudissements et les hommages adressés à la police après les nombreux attentats terroristes qui ont bouleversé le pays...

Et nous dans tout ça ? Depuis quelque temps, les files s'allongent démesurément à la porte des laboratoires. Dans les grandes villes, nous devons accumuler les tests PCR. Un drôle de ballet se met en place : nous recevons des avis, nous sommes cas contact, nous partons faire le test, nous nous isolons le temps du résultat, nous repartons au travail jusqu'à la prochaine alerte. Nous apprenons à demander : « Je te vois en présentiel ou en virtuel ? » Ça devient égal. Nous commençons à côtoyer beaucoup d'anciens malades du Covid et les interrogeons comme s'ils revenaient du front, anxieux à l'idée de ce qui nous attend peut-être. « Tu étais crevé ? tu avais du mal à respirer ? de la fièvre ? des problèmes neurologiques ? »

Les cafés et les restaurants font le plein. Cette fois-ci, ils connaissent leur fermeture prochaine, et c'est comme si on se voyait pour la dernière fois avant un long voyage ; on a hâte de prendre les derniers verres avec les amis, les collègues. À l'agence, les flux se tarissent petit à petit, les étages se vident. Le 29 octobre, ce que l'on pensait inimaginable en juin se produit : c'est le reconfinement, avec son cortège de catastrophes économiques et humaines en perspective, de transformations et de possibilités, aussi.

COVID : LA PRISE DE CONSCIENCE SOCIALE

Un changement des mentalités s'opère dans les entreprises. Le plan d'action pour la croissance et la transformation des entreprises, aussi appelé loi PACTE, a été promulgué en France le 22 mai 2019. Ce plan permet aux entreprises d'inscrire dans leur statut leur *raison d'être*[1] à partir de la prise en compte d'objectifs sociaux et environnementaux mesurables, et d'intégrer la responsabilité sociale et environnementale (RSE) de l'entreprise à sa stratégie de moyens.

Antoine B., de Bluenove, m'appelle. Il me raconte que les demandes de travail autour des entreprises à mission explosent avec le Covid : « C'est incroyable ! Celles qui ne sont pas en crise accélèrent sur le sujet ! » Tout se passe comme si la pandémie avait permis aux entreprises de prendre pleinement conscience de leur capacité à transformer la société. En témoignent toutes les initiatives d'urgence qui ont été prises (fabrication de gel hydroalcoolique et de masques, création de circuits courts pour aider les commerçants à écouler leurs stocks, etc.). D'ailleurs, sur ce sujet, les entreprises ont répondu aux attentes de leurs publics : 51 % des consommateurs étaient en attente d'information par rapport à leur contribution à la résolution de la crise. Car plus de la majorité des

1. Voici la définition de la raison d'être d'une entreprise selon Anne-France Bonnet, présidente fondatrice du cabinet Nova Vista et secrétaire générale de la Communauté des entreprises à mission (juin 2021) : « Le sens ou l'utilité sociétale, au XIXe siècle, se comprend comme la contribution d'une entreprise aux conditions nécessaires d'une société inclusive et durable, au-delà de l'aptitude d'un bien ou d'un service à satisfaire un besoin. »

Français pense que l'entreprise doit aider la société : quel chemin parcouru, lorsqu'on met en perspective ce résultat avec cette citation de l'économiste Milton Friedman, « *The social responsability of business is to increase its profits* » ! Peut-être sommes-nous à un tournant, ce fameux point de bascule dont on parle tant. La spectaculaire progression de #MeToo ou des #FridayForFuture montre la rapidité avec laquelle une société peut évoluer lorsqu'elle est mûre pour le faire.

Pour connaître l'état d'évolution du monde de l'entreprise, il serait bon d'interroger les réseaux de la transition entrepreneuriale : la France fourmille de mouvements, de *think tanks*, de réseaux de transition dans toutes les couches de la société et du monde étudiant avec La Bascule, La Base, Le Réveil écologique, Les Futurs souhaitables, Les Colibris, les Entrepreneurs d'Avenir, Ticket for Change, Engage, Ashoka, la Fondation des transitions, Impact France (ex-Mouves), Démocratie Ouverte, Extinction Rebellion... Ces mouvements se multiplient et viennent s'additionner aux pouvoirs représentatifs traditionnels. Ils témoignent de la vitalité des forces de transformation, et souvent ces *change makers* se connaissent. Certains se retrouvent au sein de l'initiative gouvernementale du « French Impact », laquelle a pour but d'établir des passerelles entre le monde de l'économie sociale et solidaire (ESS), qui représente 10 % du PIB du pays, et le secteur privé.

L'ANNÉE 2020 : LE MOMENTUM DE L'ENTREPRISE À MISSION ?

Je contacte Jacques Huybrechts, qui a fondé le mouvement des Entrepreneurs d'Avenir, pour avoir son sentiment sur ce qui se passe en ce moment. Personne n'est plus accompli que Jacques, dont la douceur, le sens de l'écoute, l'humilité et l'agrément de la conversation pourraient tromper, donnant l'impression que tout est facile dans son univers, alors qu'il fait avancer de manière décisive, depuis plus de

20 ans, des sujets aussi lourds et complexes que le bilan extra-financier ou la finance verte. Cofondateur de la « Cité de la Réussite », un événement accueilli tous les 2 ans par la Sorbonne et qui rassemble les leaders du monde politique, syndical, économique, culturel et associatif autour de grands débats citoyens, Jacques est engagé depuis un moment. Il a longtemps travaillé avec l'équipe de Jean-Louis Borloo sur « Talents des Cités », un concours qui récompense tous les ans de jeunes entrepreneurs et créateurs installés dans des quartiers populaires.

Lors de la crise financière de 2008, Jacques s'était convaincu que l'on se trouvait au bout du modèle de la financiarisation à outrance du modèle économique ; il fallait réunir les parties prenantes pour faire émerger un nouveau modèle d'entrepreneurs, qui mettraient la dynamique entrepreneuriale au service de la société. Il pensait que l'on pouvait contribuer « à résoudre un problème en étant quand même entrepreneurs ». Le premier parlement des Entrepreneurs d'Avenir, en juin 2009, avait ainsi rassemblé des intervenants privés, des dirigeants syndicaux, politiques et associatifs, ainsi que des acteurs de l'ESS, sous la présidence de Nicole Notat[2], dans une alchimie dont Jacques a le secret.

Interview de **Jacques H.** *par* **Laurence M.**

– De quand date l'idée des entreprises à mission, Jacques ?

– Les premiers travaux de l'École des Mines sur le sujet ont eu lieu en 2009-2010. Ceux portant sur la création de communs dans l'entreprise par Armand Hatchuel et Blanche Segrestin[3], au Collège des Bernardins, datent de 2012. Chez Entrepreneurs d'Avenir, on était le creuset de toute cette effervescence, car on a créé des liens entre tous les entrepreneurs qui font avancer désormais l'entreprise à mission. Aujourd'hui, on a en effet l'impression d'un momentum. Les entreprises ont compris et admis

2. Chevalière de la Légion d'honneur, Nicole Notat a été pendant 20 ans (1992-2002) Secrétaire générale de la Confédération française démocratique du travail.

3. Professeurs à Paris Tech et auteurs du livre *Refonder l'entreprise* (Seuil, 2012), les auteurs suggèrent notamment de permettre aux « salariés d'accéder à la propriété du capital, voire d'en acquérir le contrôle », et d'être associés au « pouvoir de décision au sein de l'entreprise ».

que d'une manière ou d'une autre, elles contribuent à la société. Si on fait un constat global – climatique, humain, social –, c'est encore compliqué, mais si on prend par secteurs ou par territoires, on voit la progression. On verra si on débouche sur des enjeux écologiques et sociaux forts d'ici 5 à 10 ans. Après, le monde de l'ESS et le monde privé avancent encore trop en parallèle. L'échange d'expériences n'est pas assez pratiqué, en dépit des carrefours que peuvent constituer des réseaux comme les nôtres.

L'ENJEU DE LA RAISON D'ÊTRE VA-T-IL SE GÉNÉRALISER ?

– Quelle est la différence entre la raison d'être et l'entreprise à mission ?

– Je vois une différence entre l'évolution du chemin vers l'entreprise à mission et celui vers la raison d'être, répond Jacques. Travailler sur sa raison d'être, de nombreuses entreprises vont le faire : cela les invite à réfléchir sur leur rôle dans leur écosystème, sans les obliger à mettre en œuvre des actions trop contraignantes. Devenir entreprise à mission, c'est plus astreignant : le fait d'être entreprise à mission doit être validé par ses actionnaires, il faut l'intégrer dans les statuts et créer un comité de mission ; et faire valider régulièrement le fait qu'on progresse dans cette mission. En mai dernier, Danone a annoncé son intention de devenir entreprise à mission. L'assemblée générale des actionnaires a entériné cette transformation – la première du genre pour une grande entreprise cotée en Bourse – par un plébiscite avec 99,42 % des voix. Dans ce type de démarche, il est fondamental que le conseil d'administration soit au cœur du dispositif et que l'entreprise rende des comptes grâce à des indicateurs pertinents.

– On estime à 30 % le nombre d'entreprises en France qui pourraient d'ores et déjà devenir entreprises à mission, sans rien changer à leur *business model*... Ce chiffre semble énorme.

– Peu d'entreprises cotées vont être incitées à faire cette démarche. Ce seront davantage des PME ou des ETI à taille humaine et à capital maîtrisé, des entreprises familiales, par exemple. Ou encore des entreprises appartenant à des fonds d'investissement à mission, type Citizen Capital, poursuit Jacques.

– On assure que la transformation d'une entreprise en entreprise à mission permet de lui donner de la stabilité...

LES NOUVEAUX MODÈLES DE GOUVERNANCE ADAPTÉS AUX ENTREPRISES À MISSION

– En effet, puisque la feuille de route, alors, n'est pas que financière : elle permet à l'entreprise de s'appuyer sur des objectifs stables. Et l'entreprise est aussi moins susceptible de subir des OPA inamicales. Le modèle qui émerge également en France, c'est de faire gouverner le capital de l'entreprise par une fondation : cette configuration gèle le transfert de capital et donne à l'entreprise tout le loisir de concrétiser sa mission. Dans les pays du Nord, plus de 50 % des entreprises sont gouvernées par des fondations. Il y a un capitalisme de responsabilité plus ancré qu'en France. D'une manière générale, en Europe, le sujet du capitalisme à mission évolue favorablement un peu partout, en Grande-Bretagne, en Italie, en Espagne, en Scandinavie.

– On pourrait avancer vers un modèle capitaliste européen qui serait un capitalisme responsable ?

– Il y a un enjeu de gouvernance européenne sur tout ce qui concerne la RSE. Le problème qui se pose, dans cette perspective, c'est que quasiment toutes les agences de notation financière et extra-financière sont entre les mains des Anglo-Saxons. Excepté pour Qivalio, créée en 2017 après la fusion entre Spread Research et EthiFinance, 2 agences de notation financière et extra-financière françaises, l'Europe n'a pas la main sur ces normes extra-financières. C'est crucial, car cela pose des questions comme : « Où vont les données de l'entreprise lorsqu'on les donne à B Lab[4], parce que l'entreprise est une BCorp ? » C'est contradictoire de définir le type d'entreprise que l'on veut en Europe si ce sont

4. BCorp ou *Benefit Corporation* : certification octroyée aux entreprises répondant à des exigences sociétales et environnementales de gouvernance ainsi que de transparence envers le public. Cette certification est attribuée par B Lab, un organisme sans but lucratif mais établi aux États-Unis, en Europe, en Amérique du Sud, au Canada, en Australie et en Nouvelle-Zélande.

des Américains qui gèrent les agences de notation et qui jugent nos entreprises... C'est voué à l'échec.

LES BANQUES NE SAVENT PAS CONSEILLER LES CONSOMMATEURS EN ATTENTE DE PRODUITS FINANCIERS VERTS

– Tu travailles depuis de nombreuses années sur les problématiques de la finance durable. Est-ce que tu vois une évolution en ce moment ?

– Il faut distinguer la finance durable de la finance à impact positif : la finance durable, ce sont des pratiques de la finance qui prennent en compte des critères extra-financiers (investissement socialement responsable, investissement vert, finance solidaire avec des crédits accordés sur des critères sociaux ou des microcrédits). Là, ça progresse depuis 5 ans, ça va devenir la norme. Je ne vois pas de fonds qui s'exonèrent de mesurer efficacement les retours d'impact des entreprises où ils investissent, même les gros fonds de *private equity*. Cela étant, il y a la finance à impact positif : là, le financement ou l'investissement dans une activité doit être motivé par l'objectif de contribuer à réduire ou à résoudre un problème social ou environnemental. Puis il va falloir montrer que cet impact n'aurait pas été possible sans l'investissement dans l'activité. Il faut donc identifier les acteurs qui vont avoir un impact, et mesurer cet impact sur le territoire. Une trentaine de fonds français et européens viennent de se regrouper au sein de France Invest comme Citizen ou Alter Equity, pour accroître leur puissance de frappe. Enfin, il y a quelques start-up, telle LITA.co, qui accompagnent l'investissement responsable. Puis l'univers du *crowdfunding*, comme Ulule. Mais à date, je ne vois aucune banque qui te conseille efficacement si tu veux faire un investissement responsable. C'est dommage, car cela n'aide pas les consommateurs à prendre en compte ces nouveaux critères... Si les nouvelles banques intégraient la responsabilité, ce serait l'avenir.

– Et pour vous, comment le Covid a-t-il impacté le réseau des Entrepreneurs d'Avenir ? Tu as vu un mouvement vers plus de responsabilité ?

– Non. Beaucoup de nos *business models* sont expérimentaux, ils sont fragiles. J'ai vu au contraire beaucoup de dégâts, quelques pivots, aussi. Il faut faire attention. Le monde économique ne peut pas se passer de ces laboratoires que sont les Entrepreneurs d'Avenir : ils inventent l'économie de demain, conclut Jacques.

Lors du *debrief* de cet entretien avec Somalia B. et Hugo M., qui est venu renforcer l'équipe, Somalia insiste pour que nous évoquions la manière dont la RSE s'intègre dans la performance de l'entreprise. Pour la première fois, Danone, toujours pionnier dans le domaine, a calculé dans ses résultats son bilan extra-financier. « C'est là que tout se joue, estime Somalia. Jacques H. a raison de s'y intéresser depuis le début. Il faut que la RSE arrive à parler le langage de l'entreprise, le langage de la valeur. Il faut que la RSE arrive à prouver qu'elle crée de la valeur, et alors, elle sera pleinement intégrée dans les actifs et les investissements de l'entreprise. »

Je songe au combat de Benoît D. pour emmener Hopscotch sur le terrain du capital relationnel. Là encore, il s'agit de trouver un langage commun avec la partie financière de l'entreprise et de valoriser la communication. « Écoute, suggère Somalia, c'est avec Pierre-Franck M. qu'il faut parler de RSE. Il faut voir comment ici, chez Hopscotch, on la valorise au niveau de la direction administrative et financière. Je vais aller discuter avec lui. »

LA RSE, C'EST CE QUE L'ON EN FAIT

Pierre-Franck M. est membre du directoire chez Hopscotch. Il pilote avec dextérité la stratégie de croissance et de consolidation du groupe. Il supervise également les ressources humaines, l'informatique et les finances. Enfin, il dirige Sopexa, le réseau international de Hopscotch. Rien d'étonnant à ce qu'il soit difficile à rencontrer. Sa justesse et son caractère énergique à la fois font merveille dans les dossiers de haute volée, qu'il s'agisse d'un gros rachat, de la réorganisation d'un département ou d'un appel d'offres décisif.

Au débotté, j'arrive à obtenir un rendez-vous sur Teams. Je l'identifie comme un profil financier, mais il rectifie en souriant : « Même si je ne réfute pas mon passé de directeur financier, ma fonction dans le groupe a beaucoup évolué. Aujourd'hui, je gère le groupe dans son ensemble, y compris dans les choix d'ouvrir un volet RSE. Pour Sopexa, par exemple, mon rôle est de manager, de favoriser les synergies et d'incarner la dynamique internationale du groupe. » Je lui demande quel est l'impact de l'engagement RSE sur la dynamique économique de notre entreprise, ici chez Hopscotch.

Interview de
Pierre-Franck M.
par
Somalia B.

– C'est probablement une notion de survie pour les entreprises que d'incorporer un volet RSE parce que, aujourd'hui, pour des raisons de légitimité d'activité économique d'une entreprise, qu'elle soit industrielle, agricole ou prestataire de services, etc., on sent bien que le respect du sol, le respect d'autrui sont des sujets d'importance, commence Pierre-Franck. On le voit depuis Sopexa, la RSE est un mouvement de fond mondial. L'ensemble des pays où nous sommes implantés est concerné par la montée en puissance des enjeux sociétaux... Malheureusement, je pense qu'on va le voir avec une économie qui est secouée par le Covid, avec tous les licenciements, les dépôts de bilan et les faillites ; je crois que le premier soin que l'on peut apporter aux salariés, c'est de leur offrir du travail et une visibilité. Il n'y a pas de bonne RSE sans profit pour l'entreprise. Le profit est représentatif du niveau de la défense immunitaire de l'entreprise. S'il y a un coup dur et que je fais déjà de gros profits, je suis plus résistant que si j'étais à zéro et que j'étais obligé de licencier. Les Anglais ont adopté la RSE en l'appelant « PPP », *People Planet Profit*, où le mot « Profit » recoupe une double acception capitalistique et d'intérêt commun.

LE PROFIT EST REPRÉSENTATIF DU NIVEAU DE DÉFENSE IMMUNITAIRE DE L'ENTREPRISE

– En effet, on associe rarement profit et RSE en France, confirme Somalia. Il me semble que l'approche est dissociée, que c'est la politique qui pousse les entreprises à se mettre en conformité avec un cadre externe RSE – entreprises, vous faites du profit mais vous abîmez la planète : occupez-vous de corriger ce que vous produisez. Est-ce que, aujourd'hui, on a la capacité de transformer des entreprises pour qu'elles restent profitables, tout en s'alignant sur un projet de société ou environnemental ?

– Le hiatus RSE/profitabilité est presque dépassé. On le voit bien aujourd'hui dans les investissements financiers : tous les fonds investissent dans des entreprises RSE pour créer de la valeur. C'est assez vertueux. Même l'agriculture, le respect et la valorisation des sols font, en France, partie de la RSE.

LA REDÉFINITION DES ENJEUX RSE AURA UN IMPACT SUR LA MONDIALISATION

– Il existe plusieurs indicateurs pour évaluer notre engagement RSE chez Hopscotch, mais quels indicateurs financiers peut-on mettre en face ?

– Avant de te répondre, Somalia, je voudrais souligner qu'il existe un *leadership* de Hopscotch en termes de RSE, reconnu par la profession. Il prend plusieurs visages : dans le rôle endossé par la direction des achats pour sensibiliser les prestataires aux enjeux de l'éco-socio-conception, et les embarquer dans une vision responsable ; dans l'implication du groupe Hopscotch au sein de ses filières et des syndicats professionnels sur la thématique RSE. Benoît D. a d'ailleurs fondé et animé divers collectifs ces dernières années (pour l'Anaé[5], il a cofondé en 2005 le collectif Éco-Événement, regroupant 7 associations professionnelles de l'événementiel pour accompagner la filière vers une démarche éco-responsable et des événements éco-conçus). Depuis 2017, Isabelle L., directrice des achats de Hopscotch,

5. L'Anaé est l'association des agences de communication événementielle devenue L'ÉVÉNEMENT en 2016.

siège à la commission développement durable de l'UNIMEV[6] et travaille plus particulièrement sur la question des déchets événementiels. Les réflexions et les travaux de la commission développement durable permettent d'exercer une influence significative sur l'aménagement des sites événementiels, pour qu'ils prennent mieux en compte la récupération des déchets, mais aussi auprès des décideurs politiques, afin de créer un cadre législatif plus incitatif pour les organisateurs d'événements. Hopscotch est régulièrement sollicité pour animer et participer à des actions de formation auprès des professionnels de l'événementiel, par exemple à l'occasion du Festival Zéro Waste[7] en juin 2018, au OUAI[8] en 2020, à la REF... Il existe aussi une réelle culture RSE au sein de l'entreprise, diffusée et transmise en permanence, de façon formelle et informelle, auprès de tous les collaborateurs, avec les modules de formation créés par la Performance globale, avec le programme « Start with Planet » de Sagarmatha, qui vise à diffuser les bonnes pratiques de responsabilité auprès des collaborateurs et des clients ; avec la team interne Développement durable qui se réunit une fois par mois. Enfin, nous avons des indicateurs RSE spécifiques : nous sommes référencés *gold* par EcoVadis, qui est une plateforme de notation de la performance sociale et environnementale des entreprises, et qui s'appuie sur un audit de nos pratiques entre acheteurs et fournisseurs ; et nous sommes parmi les premières agences événementielles à être certifiées ISO 20121...

– Pierre-Franck, toi qui as une bonne visibilité internationale avec Sopexa, crois-tu, concernant la reprise en Chine, que les enjeux RSE pourraient monter sur le haut du podium à moyen terme ?

– Je vois surtout que, avant le Covid, la Chine était déjà dans un rythme de priorisation de son marché intérieur. Cela signifie que nous devons

---

6. Union des métiers de l'événement, organisation professionnelle représentative de l'ensemble des acteurs de la rencontre professionnelle.

7. Le Festival Zero Waste est organisé depuis 2016 par Zero Waste France, une association citoyenne qui milite pour une réduction des déchets et une meilleure gestion des ressources. Le festival rassemble en un même lieu, le temps d'un week-end, des activités, conférences, ateliers, ou encore des boutiques éphémères sur le thème du zéro déchet.

8. Le OUAI est une conférence événementielle éco-responsable.

LA RSE, UNE NOTION QUI VARIE SELON LES PAYS

apprendre à fabriquer ailleurs qu'en Chine. Nous ne sommes pas encore prêts, nous manquons cruellement de logistique, d'usines… la main-d'œuvre n'est pas nécessairement formée. Ce qui sera intéressant, ce sera de redéfinir la construction de nos coûts de revient en améliorant le salaire de la main-d'œuvre, et en réduisant les coûts de transport grâce à la relocalisation de la production. Par ailleurs, en Chine, les enjeux liés à la santé et à la nutrition sont très présents. La pollution ou les scandales alimentaires avec des intoxications ont rendu la population très sensible à ce sujet. Le cadre RSE, là-bas, se superpose à celui de la santé publique : surveiller la pollution de l'air, le respect de la chaîne du froid etc. Pour résumer, la RSE, c'est ce que l'on en fait : on peut la considérer comme une contrainte ou comme un moteur à l'innovation, comme une opportunité de faire des économies (avec moins d'énergie, etc.), de développer de nouvelles compétences…

Point de vue

LES DIFFÉRENTS STADES DE L'INTÉGRATION DE LA RSE DANS L'ENTREPRISE

Stade 1

L'entreprise s'engage dans des actions de mécénat auprès de diverses organisations. Elle choisit les causes qui enrichissent son ADN. Parfois, l'entreprise propose du mécénat de compétence à ses collaborateurs afin que ces derniers s'approprient les engagements de l'entreprise.

Stade 2

L'entreprise définit un programme RSE avec différents piliers et intègre les enjeux environnementaux, sociaux et sociétaux lors de la conception de ses produits ou services. Pour mieux intégrer son action dans un cadre plus large, elle peut s'aligner sur plusieurs objectifs définis dans le cadre de l'agenda du Développement durable 2030 (programme des Nations unies pour le Développement).

À ce stade, un poste RSE est généralement créé. Se pose également la question de la mesure des externalités extra-financières des entreprises. Le programme RSE est idéal pour commencer à communiquer sur ses engagements : cela représente pour l'entreprise une manière de se responsabiliser par rapport à la société.

Stade 3

L'entreprise intègre la RSE dans sa gouvernance. Le CoDir est impliqué. Des comités transversaux font vivre la RSE à l'intérieur de l'entreprise, et des modules d'acculturation ont lieu. Les collaborateurs peuvent être évalués et récompensés sur leur capacité à faire avancer le sujet. La question de la structure de la gouvernance se pose (fondation qui détient le capital de l'entreprise et le rend plus stable et moins sensible aux résultats financiers). L'entreprise va structurer sa démarche contributive en questionnant sa raison d'être. Si elle se déclare entreprise à mission ou BCorp, elle devra rendre compte de ses progrès RSE à ses actionnaires et à son comité de mission.

– Ce qui était bien dans cette discussion, nous dit après coup Somalia, à Hugo et à moi, c'était d'apprendre que la gouvernance entière de Hopscotch est engagée dans la démarche RSE. C'est le signe qu'une entreprise a la capacité de faire des enjeux RSE le cadre qui englobe tout le reste. Et aussi qu'il y a une acculturation régulière auprès de l'ensemble des salariés, avec des mouvements très vivaces. Il y a énormément de communication interne autour du sujet.

– Tu crois que Hopscotch pourrait devenir une entreprise à mission ?

– Je ne sais pas. Il n'y a qu'à leur demander, non ?

LE DÉPLOIEMENT DE LA STRATÉGIE RSE

Adopter une démarche de progrès

Somalia S. recontacte Benoît D. Malgré le reconfinement, Benoît vient quasiment tous les jours chez Hopscotch ; on a l'impression de voir un capitaine sur le pont, prenant toujours le temps de consulter chacun. Somalia utilise une fois de plus la magie de la cage d'escalier pour favoriser la rencontre.

Interview de **Benoît D.** *par* **Somalia S.**

– Dis, Benoît, est-ce que Hopscotch a une mission ? Quelles sont les contributions de Hopscotch à la société ?

– Nous avons participé à l'organisation du Congrès mondial de la nature de l'UICN[9] en 1998, lors duquel j'ai découvert la crise climatique à venir, qui était déjà précisément identifiée. En approfondissant le sujet, j'ai pris conscience de la nécessité d'intégrer ces enjeux complexes en menant une démarche collective avec les associations représentant nos différents métiers. Le premier chantier a été de prendre en compte l'impact des événements sur l'environnement, en enclenchant une démarche de progrès avec la filière Événement. Ensuite, nous avons engagé une réflexion pour intégrer les impacts de nos métiers de conseil en travaillant avec l'AACC[10] et Syntec RP[11], puis avec le SCRP[12]. Nous avons aussi intégré l'Observatoire de l'Immatériel, avec un intérêt particulier pour le capital relationnel autour duquel nous avons structuré notre raison d'être.

– La crise, en ce moment, accélère les choses. Est-ce que tu penses que le Covid va changer quelque chose au niveau de la contribution de Hopscotch dans la société ?

9. Union internationale pour la conservation de la nature.
10. Association des Agences-Conseils en Communication.
11. Syndicat du Conseil en Relations Publics.
12. *Idem.*

– La crise accélère la nécessité, pour les entreprises, de se transformer. On le perçoit de façon évidente dans le monde digital, et de plus en plus dans les sphères environnementales, sociales et sociétales. On constate que la majorité des dirigeants souhaite formaliser une raison d'être en intégrant la RSE au cœur de leur stratégie. On espère que toutes ces déclarations seront réellement suivies d'actions, permettant aux entreprises de devenir contributives. L'étape ultime d'une démarche RSE est d'inscrire sa mission dans ses statuts pour devenir une entreprise à mission. L'implication du dirigeant est majeure dans cette démarche, comme nous le prouvent les exemples de Danone, de la Camif, de la MAIF, de Faguo ou de Gémo. C'est le moment aussi, pour les entreprises, de prendre conscience de leur capital relationnel, de comprendre l'intérêt de l'entretenir, de bien poser les enjeux, poursuit Benoît. Il y a des dissensus, voire des fractures, sur les sujets environnementaux et sociaux. Il faut absolument éviter un monde à deux vitesses. La RSE fait partie intégrante des métiers de Hopscotch. Avant de créer du capital financier, nous sommes créateurs de capital relationnel. Nos métiers, notre profession sont au cœur d'une mission, celle de créer de la valeur humaine. L'industrie de la rencontre et de l'événement crée des liens relationnels qui permettent de vivre ensemble, d'échanger, de se nourrir. En travaillant le capital relationnel de nos clients, nous créons une dynamique positive pour l'ensemble de la société, nous engageons des conversations pour aborder les mutations et réussir les transformations de notre époque. En ce sens, l'exercice de nos métiers est une des briques de la RSE.

LA RSE FAIT PARTIE NTÉGRANTE DE NOS MÉTIERS

– Pour définir le seuil de maturité de Hopscotch sur la RSE, nous vous positionnerions spontanément au stade 2, là où les entreprises mettent en œuvre un programme, précise Somalia.

– Notre démarche de progrès a été lancée dès 2003. En 2010, nous avons formalisé notre politique RSE autour de 7 enjeux et, en 2019, nous avons intégré nos engagements sociétaux et environnementaux dans la stratégie du groupe à travers 5 piliers stratégiques. Le déploiement de cette politique s'effectue sous la forme d'un plan d'action piloté par des équipes dédiées. Nous avons défini les indicateurs clés qui nous permettent d'évaluer notre performance RSE, et nous mobilisons 8 objectifs de développement durable[13]. Chaque année, nous sommes audités par KPMG, et nous sommes fiers d'avoir obtenu une très bonne note pour notre performance extra-financière selon le barème EcoVadis, conclut Benoît.

***

Pour enrichir ces propos, nous passons voir Cécile B., notre responsable RSE. Son entrain communicatif captive un grand nombre de salariés de Hopscotch, avec des modules d'initiation à la RSE diffusés *via* Teams tous les jours à 11 heures. Cécile ferait passer le cahier des charges de la norme ISO 10121 pour *Game of Thrones*. Elle met tellement d'âme dans la pédagogie de sa discipline ! Sans parler de ce savoir-être si obligeant, particulier à ceux qui viennent de l'ESS...

Isabelle L. aussi fait preuve de chaleur, d'humour et d'une verve intarissable dans sa manière de nous faire vivre « sa » RSE : tout le monde la veut, elle est invitée dans toutes les réunions – internes, avec des clients ou des organisations professionnelles, avec des acheteurs pour embarquer les équipes... Initialement acheteuse, elle a créé son poste de directrice de la performance globale : elle a commencé par identifier des fournisseurs responsables, puis a formé elle-même les autres fournisseurs pour les faire progresser avec l'entreprise. Grâce à elle, le taux de recyclage sur nos événements atteint les 60 %[14]. On se rend compte que c'est un puissant motif de fierté pour les clients de l'événementiel, lesquels n'oublient jamais de le mentionner. Le prochain combat d'Isabelle L., c'est l'inclusion : elle a pour projet de reverser un montant équivalent à celui des chambres non occupées pendant les événements à des associations d'aide aux SDF.

La RSE, c'est également l'affaire des RH. Nous sommes déterminés à aller sonder les RH de Hopscotch, représentées par Lorraine L. et

13. Objectifs officiels définis dans le cadre de l'agenda 2030 du Programme national des Nations unies pour le Développement.

14. L'Usine Extraordinaire, événement créé et produit par Hopscotch en novembre 2019 au Grand Palais, a été recyclé à 59 %.

Marie de B., afin de récolter leur ressenti sur la manière dont le Covid fait évoluer les perceptions et la pratique de la RSE chez Hopscotch.

Réussir sa stratégie RSE avec la direction et les achats

>>> Par Cécile B., Lorraine L., Marie de B. et Isabelle L.

La clé du succès de la conduite d'une stratégie RSE dépend de l'endroit où elle est portée, développée. La démarche doit être globale, impulsée et portée à tous les niveaux. Isolée au sein d'un service RSE, elle sera trop éloignée du terrain, des fournisseurs ou des décisions stratégiques pour fonctionner. Une stratégie RSE ancrée au niveau du service de la communication ou des RH ne pourra pas non plus transformer profondément et concrètement l'activité d'une entreprise. Pour avoir un véritable impact, il est nécessaire que les démarches de responsabilité soient engagées par la direction, portées par les collaborateurs et travaillées avec toutes les parties prenantes de l'entreprise. Chez Hopscotch, la clé du succès a été d'avoir à la fois une direction très engagée, qui a diffusé petit à petit une culture RSE auprès des salariés, et une RSE incarnée par le service achats.

Il faut ensuite travailler et définir des objectifs avec toute sa filière et ses concurrents, afin de faire évoluer les pratiques. Il faut également sensibiliser et engager ses fournisseurs, pouvoir évoluer ensemble pour trouver de nouveaux *process*, de nouveaux matériaux. Une démarche responsable va plutôt chercher à aider ses fournisseurs existants à entrer dans un cadre RSE, plutôt que de les exclure au profit de fournisseurs certifiés.

Il faut enfin intégrer ses clients aux réflexions pour les faire adhérer à la stratégie RSE de l'entreprise prestataire, et surtout animer la RSE auprès des équipes internes ; ce sont eux, les acteurs au quotidien d'une bonne stratégie RSE. Toutes les stratégies RSE gagnantes s'appuient sur des ambassadeurs internes avec lesquels on construit de véritables programmes d'engagement, et auxquels on fournit des outils et des formations *ad hoc*.

Créer le consensus

Ce que nous retirons de ces points de vue, c'est que la RSE, avant d'être des pratiques, c'est une ligne à trouver. Comme l'a souligné Pierre-Franck M., ce qui est considéré responsable en deçà des Pyrénées est folie au-delà. Il se peut qu'il se dégage un consensus mondial sur le mot « responsabilité » ; derrière, les réalités s'avèrent bien différentes en fonction des pays, des expériences, des générations, des sensibilités, des traditions, d'une multitude de facteurs accrus par nos sociétés individualistes.

Le rôle de la communication est d'amener toutes les parties prenantes à mettre au jour les points de consensus et de dissensus, de reconnaître ces derniers et d'éviter qu'ils ne deviennent des points de fracture. Nous sommes en plein dedans : après avoir conspué le gouvernement parce qu'on n'avait pas de masques, on a réclamé de l'hydroxychloroquine, puis des tests, puis on a dit que les tests n'étaient pas fiables, puis on a exigé un vaccin. Une fois le vaccin arrivé, un pourcentage élevé de Français a déclaré ne pas souhaiter y avoir recours… Y aura-t-il un consensus suffisant sur la vaccination pour produire un seuil d'immunité satisfaisant ? Nul ne le sait à ce jour…

Une approche relationnelle de la communication semble être de salut public pour rapprocher les opinions ; Hopscotch, avec le capital relationnel, se positionne résolument là-dessus. Derrière cette approche particulière des terrains inflammables, il y a des manières de faire, une expertise, une technique.

Hopscotch a un département affaires publiques avec une expérience nourrie sur la communication d'intérêt général. Il faut donc aller voir s'il est raisonnable, possible, souhaitable, de fabriquer du consensus, et comment on le fait.

LA COMMUNICATION D'INTÉRÊT GÉNÉRAL, OU COMMENT FAIRE CHANGER LES COMPORTEMENTS DANS UN CONTEXTE POLÉMIQUE ?

Pendant quelque temps, j'ai partagé l'*open space* d'Emmanuel B. Ancien journaliste, Emmanuel fait preuve d'une énergie tourbillonnante, d'une curiosité espiègle et futée (c'est une des seules personnes du bâtiment à aller saluer les nouveaux arrivants), d'une intelligence relationnelle aiguisée. Ses compétences sont multiples : conseil en stratégie de la communication de crise, conférences, événements, rédactionnel, *media training*, relations avec les organisations non gouvernementales... C'est la bonne personne auprès de qui aller s'initier à cette forme de communication sensible.

Interview de **Emmanuel B.** *par* **Laurence M.**

– Emmanuel, j'ai l'impression qu'avec le Covid, nous avons été propulsés dans une situation ingérable : quelles que soient les mesures adoptées, elles génèrent du mécontentement, de l'opposition. Qu'en penses-tu ?

– Oui, ce n'est pas nouveau. On est beaucoup dans l'injonction, et force est de constater que les messages d'intimation ont depuis longtemps atteint leurs limites. La communication performative – générant un passage à l'action – doit être réinventée, dans son concept comme dans sa mise en œuvre, surtout lorsqu'elle vise un intérêt général. Même lorsque les comportements sont imposés réglementairement, avec des sanctions financières à la clé ! Regarde, la politique de lutte contre la prolifération du Covid, qui imposait une attestation de sortie pour faire les courses de première nécessité ou pour pratiquer une activité sportive, trouve ses limites ; de nombreux citoyens ont toujours passé outre les injonctions et les réglementations.

Pourtant, leur vie est en jeu! Les préfets et les maires, un peu partout en France, en ont été réduits à imaginer des restrictions de liberté, certes pour la santé, mais... contre leur gré. Objectif: démontrer à moindres frais qu'ils agissent! Le maire de Sanary est ainsi allé jusqu'à interdire à ses administrés – jugés hermétiques à la notion de distance sociale – de sortir à plus de 10 mètres de chez eux!

– Tu connais la loi du point de bascule ? Une toute petite part de la population, si elle est convaincue de quelque chose, peut arriver à convaincre une proportion plus large de la population de changer de comportement. Ainsi, 3% de la population peut convaincre 10% de changer de comportement, puis ces 10% en convainquent 25% d'autres, etc. Comment convaincre les premiers 3% ?

– En effet, à cette approche punitive et répressive, on peut opposer une vision plus constructive – même s'il y aura toujours 1 à 3% d'irréductibles – pour faire changer les comportements : il s'agit de travailler sur les attitudes des citoyens pour comprendre leurs motivations – ou leur absence de motivations –, et créer des *« déclencheurs »* qui vont faire évoluer leur action. L'observation du comportement des citoyens sur la base d'une modélisation permet d'abord de mieux comprendre leur réaction face à une interdiction ou une restriction. Et puis, il faut opérer un travail minutieux d'association entre communication et approche comportementale. Il faut engager l'ensemble des acteurs, faire dialoguer les parties prenantes, coconstruire les solutions ; les actions de communication informative et préventive qui donnent les meilleurs résultats en termes d'engagement sont celles qui sont élaborées avec les publics.

– Tu peux me donner des exemples, Emmanuel ? Cela me permettra de faire le lien avec ce que nous vivons.

– Je peux te parler de la communication d'intérêt général que nous avons mise en œuvre avec l'office du tourisme de l'Île de la Réunion au sujet de la crise des requins, répond Emmanuel. Depuis 2010, on recense une trentaine d'accidents liés à des attaques de requin, comptant 11 morts, dont plus de la moitié sont des surfeurs et des bodyboardeurs.

– C'est *la* situation de crise ultime, *Les Dents de la Mer* multiplié par 10. Ça me fait froid dans le dos rien que d'en parler.

– Il est intéressant, justement, de voir comment la communication peut arriver à mettre en action des communautés aux sensibilités très fragmentées. L'État – à travers la préfecture, les services de secours, etc. – et les collectivités locales ont, bien sûr, mis en œuvre des campagnes de sensibilisation au risque requin dès la survenue des premiers accidents, mais cette communication est restée dans l'ordre de l'incantation, avec des panneaux d'affichage sur les plages, « Attention requins, ne pas se baigner », des messages d'information à bord des avions, etc. *In fine*, les résultats sont apparus assez faibles : les surfeurs ont continué à déferler tant le « spot » de La Réunion est attractif, les familles ont continué à venir se baigner, bravant souvent les interdictions… Ce qui a mis en évidence le fait que l'interdit, même s'il est souvent nécessaire, est insuffisant tant que les citoyens n'ont pas pris la mesure du risque. Ce qui amène à la conclusion qu'une campagne de sensibilisation efficace ne peut donner de réels résultats que si elle est conçue avec les différents publics auxquels elle est destinée…

LA CRISE DES REQUINS À LA RÉUNION : UN EXEMPLE DE STRATÉGIE DE COMMUNICATION SENSIBLE

– C'est un peu ce qui se passe aussi avec le Covid : le risque est apprécié très diversement selon ton âge, ta proximité avec des personnes à risque…

– Exactement. Il faut donc commencer par aller chercher les différentes communautés de sensibilité sur le sujet – qui sont différentes des parties prenantes. On a donc mis en œuvre un programme participatif de coconstruction durant l'année 2014, comprenant une observation participante et de nombreuses rencontres informelles. 90 entretiens semi-directifs ont été réalisés, un questionnaire a été adressé à tous les acteurs sociaux de la crise requin. 12 réunions collectives sous forme d'ateliers participatifs ont permis de traiter de la conscience partagée (homme et environnement), de la connaissance partagée (savoir profane et connaissance scientifique), de la communication partagée (communiquer et informer). Ces travaux ont mis en évidence le fait que la crise du requin s'était érigée, à La Réunion, sur les distances creusées entre les attentes de la population qui fréquente le littoral marin de l'île (sportifs, vacanciers, baigneurs occasionnels ou réguliers, commerçants, vacanciers, entrepreneurs de loisirs nautiques) et les perceptions des décisions, mesures, actions et informations émanant des autorités. Réelles ou fruits d'interprétations plus ou moins malveillantes, les incertitudes, erreurs d'appréciation ou même manipulations, dont les gouvernants ont été accusés, ont progressivement déchiré la cohésion sociale du microcosme ouest et sud de l'île. À ce débat, récurrent à La Réunion, sont venus s'ajouter les conflits d'intérêts et de convictions, stérilisants et destructeurs, entre les acteurs concernés.

– Sur la base de cette « cartographie » des opinions, qu'avez-vous fait pour mettre fin aux clivages ?

– L'ensemble des informations recueillies autour de la crise requin a permis de dessiner de nombreux points d'analyse transversaux, comme le rapport difficile d'une partie de la population à l'autorité publique, le clivage zoreys[15]/créoles, l'embarras de l'autorité publique, empêtrée entre l'exigence de la transparence et celle de la responsabilité, les conceptions contradictoires de l'environnement, etc., explique Emmanuel. Ce travail a permis de dégager 6 enjeux à cette crise : assurer la sécurité de la population ainsi que celle des usagers de la mer ; rétablir une image valorisée de La Réunion et de son accueil touristique ; restituer aux usagers de la mer la pleine possibilité de leurs activités respectives, dans un climat de sécurité suffisante ; restaurer l'économie de la mer et du tourisme littoral ; respecter au mieux l'environnement, l'équilibre des écosystèmes et la mise en valeur de la biodiversité ; s'assurer du maintien de la ressource de la pêche. Ce qui était intéressant, ça a été d'aboutir à des objectifs différenciés *versus* une

15. Zorey : désignation des Français d'origine métropolitaine à La Réunion.

interdiction monolithique. Mais là, on s'est trouvé en butte à une autre difficulté : la vision et les représentations exprimées par les différents acteurs sur ces enjeux ne coïncidaient pas. Pour parvenir à la réalisation des objectifs communs, chacun défendait sa conviction et son intérêt propres, agissait en concertation ou en conflit, avec des tactiques pour revendiquer des zones d'influence, déclencher les adhésions, disqualifier les groupes antagonistes... Nous avons mis en place une approche qui permettait non seulement d'aligner tout le monde sur une pédagogie du risque intégrée dans une culture de la mer, mais aussi de produire de l'information objective et partagée et, enfin, de transformer les publics en acteurs engagés sur le sujet.

Point de vue

LES 3 REGISTRES DE COMMUNICATION DANS LA GESTION D'UNE CRISE

Par Emmanuel B.

La gestion institutionnelle est confiée à l'ensemble des autorités publiques. On attend de la communication de ces instances qu'elle soit coordonnée, qu'elle offre une lecture de décisions cohérentes et qu'elle inspire la sécurité que les administrés estiment devoir attendre de leurs autorités.

La gestion opérationnelle concerne les mesures concrètes. Il faut démontrer que les actions mises en œuvre visent en priorité à protéger les besoins humains et sociaux, et qu'elles sont efficaces. Il faut aussi que l'on cesse de se disputer sur la pertinence avérée de ces mesures (ce qui suppose que la gestion de crise s'établisse sur des consensus négociés, raisonnables et raisonnés).

La gestion médiatique apparaît tributaire des deux autres registres. Les parties prenantes la souhaitent claire, objectivée, exhaustive, pour ne pas nourrir le sentiment d'une communication perçue comme manipulatrice, infantilisante et propagandiste.

– Il me semble, si on se rapporte à ce que nous traversons en ce moment, que c'est plus difficile en ce qui concerne la communication sur le Covid : celle-ci ne peut être claire car elle dépend de ce que l'on apprend en temps réel sur le sujet ; la communication pourrait être plus objective, mais comment choisir entre le drame sanitaire et le drame économique ? Quant à l'exhaustivité, il y a un effort fait sur le sujet sur la plateforme gouvernementale, y compris en français simplifié, mais qui y va ? Chacun préfère faire confiance à ses propres sources d'information.

LE PRISME DÉFORMANT DES SENSIBILITÉS AU RISQUE : RECONSTRUIRE UNE RESPONSABILITÉ INDIVIDUELLE

– En effet, acquiesce Emmanuel. Ce que l'on apprend, quand on travaille sur des causes d'intérêt général, c'est que c'est la sensibilité qui prime, et que cette sensibilité fait apparaître le sujet d'intérêt général à travers un prisme déformé. Personne n'a la même idée du risque. Autre exemple : en 2020, on a engagé une réflexion de fond sur la communication à coconstruire – pour prévenir la survenue d'incendies, sur la base d'une consultation de la Région Provence-Alpes-Côte d'Azur, dans le cadre de projets de coopération franco-italiens. Les incendies, c'est comme les requins, *a priori* : le risque est évident et bien identifié, et tout le monde connaît les conseils de prévention, facilement assimilables : ne pas allumer de feu en forêt ni à moins de 200 mètres, ne pas fumer en forêt, ne pas jeter de mégots par la vitre de la voiture, ne pas faire de barbecue dans les bois, éviter l'utilisation d'engins mécaniques dans ces zones-là, camper uniquement dans les lieux autorisés, sécurisés et protégés… Pourtant, chaque année, des incendies, parfois dramatiques, ravagent des massifs. Pourquoi ? À cause de distorsions dans la perception de chacun : pour certains, la réalité de l'exposition au risque est occultée, les mesures de prévention préconisées sont, au mieux, négligées, au pire, dénigrées, la survenance du risque est interprétée comme un scandale, les préjudices subis par ceux qui n'avaient pas pris de mesures de prévention ou ne s'étaient pas couverts par une assurance sont vécus comme des injustices, l'augmentation du coût de la couverture consécutive au sinistre est considérée comme de la prédation, la souffrance individuelle des sinistrés est amplifiée par le scandale perçu par la collectivité... Pour résumer, il existe deux écueils importants qui rendent problématique le développement d'une culture du risque. Le premier écueil réside dans l'immense difficulté qu'éprouve la population à accepter le coût du risque, financier ou non. Les témoignages montrent à quel point il est difficile, pour certains habitants, de quitter leur logement, alors qu'ils sont classés en zone de solidarité ou de délaissement. Nombreux sont, par ailleurs, les habitants qui critiquent « les autorités » pour n'avoir su éviter la catastrophe. L'absence de coût financier n'y fait rien : les contraintes visant à se protéger du risque ne sont pas acceptées. L'assurance répond en partie au problème du financement, mais elle a un coût, et les hausses de primes ne sont jamais vraiment comprises par les assurés, même lorsqu'elles font suite à des catastrophes. Le second écueil tient au fait que la manifestation du risque, même naturel, est perçue comme une injustice et un scandale. Il n'existerait aucun niveau de risque admissible et la solidarité précédemment évoquée serait un dû, rien de plus. Et, en outre, qui décide de l'acceptabilité du risque ?

– Tu me décris un nœud inextricable, là, Emmanuel...

– Dans ce cas, la communication effectue un travail de fond, de façon que chacun soit responsable de sa propre sécurité et ne se reporte pas sur le maire, le préfet, les pompiers, l'État... L'enseignement à l'école, le numérique, l'organisation d'événements sont des leviers pour développer la communication. L'éducation, la sensibilisation des petits comme des grands, est un axe fondamental de la politique de prévention.

– Là, pour le Covid, tu dois évaluer toi-même le risque que tu prends *et* celui que tu fais prendre aux autres. Cette pandémie engage la notion de risque individuel et celle de risque collectif.

– C'est la raison pour laquelle la réponse est multiple : pour préparer les sociétés à faire face aux réalités des risques et à mieux s'y préparer, il faut conserver la mémoire du risque, faire progresser la connaissance, éviter de s'exposer, étudier l'expérience des autres pays, évaluer le coût et l'efficacité des mesures de prévention et, enfin, se mettre en situation de financer ces mesures. Chacun a son rôle à jouer : État, acteurs locaux et privés, citoyens. Aujourd'hui, la dynamique de mobilisation pour la prévention des risques gagne du terrain. Les outils existent et se déploient pour répondre aux spécificités des territoires et accroître leur résilience. Tu verras, lors de la prochaine pandémie, nous serons bien plus alignés sur la réponse à donner au Covid.

– Tu es très optimiste…

– Oui, tu me connais. On aura notamment pu tester les messages auprès des différents publics afin de garantir leur adhésion, ce qui nous manque aujourd'hui, et mis en place un processus fiable de planification, qui supprimera le côté « on avance en marchant ». On éclaircira les fonctions et les responsabilités de chaque acteur ainsi que les solutions éventuelles… La pandémie de Covid-19, le dérèglement climatique, les risques naturels, la pollution… mettent en évidence, de façon aiguë, le rôle essentiel que doit jouer la communication pour sensibiliser, en amont, pendant la crise et dans les phases de retour à la normale.

Point de vue

LES RÈGLES FONDAMENTALES DE LA COMMUNICATION SUR LES RISQUES

Pour être efficace, une communication sur les risques encourus face à un phénomène doit respecter plusieurs principes :

1. Inclure les publics comme les partenaires. L'objectif final est de pouvoir compter sur un public informé, impliqué, intéressé, réfléchi et disposé à coopérer.
2. Adapter les discours aux publics : des buts, des publics et des moyens de communication différents imposent des mesures différentes.
3. Écouter les préoccupations spécifiques. Les gens accordent souvent davantage d'importance à la confiance, à la crédibilité, à la compétence spécifique, à l'impartialité et à l'empathie qu'aux statistiques et aux détails.

4. Faire preuve d'honnêteté, de franchise et d'ouverture. La confiance et la crédibilité sont difficiles à obtenir ; il est presque impossible de les regagner une fois qu'elles ont été perdues.
5. Connaître les besoins des médias, lesquels s'intéressent généralement à la politique plutôt qu'au risque, à la simplicité plutôt qu'à la complexité, au danger plutôt qu'à la sécurité.
6. Parler clairement et avec compassion. Il faut reconnaître la tragédie d'une maladie, d'une blessure ou d'un décès. Le public peut comprendre les informations sur les risques même s'il n'est pas d'accord avec les mesures préconisées.

Après mon entretien avec Emmanuel B., j'ai l'impression de mieux comprendre la manière dont on construit un capital relationnel en temps de crise. Les points forts de sa méthode résident sur l'analyse fine et l'articulation des multiples points de vue. Sa manière de faire avancer chacun vers quelques lignes de consensus consiste à élaborer des méthodologies et des campagnes toujours participatives.

Seule une approche qui implique tous les acteurs, avec leur posture et leurs objectifs différents, peut permettre de réussir des campagnes sur des sujets complexes, avec des publics variés, et dont l'objectif principal est de faire changer les comportements sur le moyen ou long terme. C'est une approche réellement innovante pour les agences gouvernementales, lesquelles transforment leurs méthodes en impliquant tous les acteurs bien en amont de leurs campagnes.

SUM UP

L'entreprise contributive, selon la formule du blogueur Patrice Snoeck, « souhaite apporter sa contribution positive à la société et ne cherche pas à être la meilleure *au* monde, mais la meilleure *pour* le monde[16] ». Ce type d'entreprise renoue avec le capitalisme responsable d'avant Milton Friedman, prend conscience de son inscription dans son environnement, et essaie de trouver des manières souvent inédites pour que son activité profite à son environnement tout en créant de la valeur pour ses clients, ses actionnaires et ses collaborateurs. La concertation et l'intelligence collective sont alors systématiquement utilisées, autant pour résoudre des crises que pour trouver de nouvelles solutions RSE.

Aujourd'hui, pour les entreprises, la RSE est le cadre à l'intérieur duquel s'opère toute forme de business et d'interactions. Le cadre RSE répond aux attentes des collaborateurs, offre des perspectives de croissance innovante pour l'entreprise et influence positivement son organisation.

La maîtrise de sa responsabilité permet aussi à l'entreprise d'entrer dans un cercle vertueux de communication : connaissance et identification en amont des points de tension, et capacité à réduire, supprimer ou compenser ses impacts négatifs.

16. Patrice Snoeck, blog « L'Alchimiste », 02/08/2021.

CONCLUSION
À quoi sert la communication ?

AIR DU TEMPS

Par Flora L. : décembre 2020 – janvier 2021

Les fêtes de fin d'année se déroulent dans la confidentialité familiale et le monde fait le bilan d'une année qui fut éprouvante, pour tous. Le célèbre magazine *Time* décerne même à 2020 le titre de « pire année de l'histoire ».

Nous avons passé l'année à hiérarchiser, à prioriser : la distinction entre métiers essentiels et non essentiels à notre société, choisie par le gouvernement pour justifier ses décisions en temps de crise, pose question et envahit le débat public. Quels commerces considérer comme essentiels ? Une société peut-elle se contenter de soins et de nourriture ? Peut-on se passer de la culture et du spectacle vivant ? Le divertissement peut-il être réduit à une expérience digitale ? Quelle place accorder à notre bien-être et notre santé mentale dans un contexte épidémique sans précédent ?

Le fond peut-il se passer de la forme ? Les métiers de la communication, en proie à des difficultés économiques et à un auto-examen existentiel, n'échappent pas à ces questionnements. Que deviennent les décideurs s'ils n'ont plus d'experts de la relation à leurs côtés, capables de mettre en forme les messages qu'ils veulent faire passer à leurs audiences ? Qui pour vulgariser des sujets abscons ? Comment un ministre peut-il faire accepter des décisions douloureuses sans une bonne plume, experte de la finesse du langage et de la diplomatie ? Les interprètes, journalistes et analystes sont-ils de simples observateurs passifs de ceux qui agissent, les « mains dans le cambouis », ou, au contraire, participent-ils à faciliter le dialogue et la circulation des idées dans nos démocraties ?

Plongés – à marche forcée pour certains – dans le numérique, nous nous mettons plus que jamais en quête de concret. Nos confinements successifs ont mis en lumière l'importance des métiers traditionnels, matériels, visibles. Caissiers, infirmiers, médecins, ces « héros du quotidien » portés aux nues interrogent nos conceptions de l'utilité publique et le phénomène génère des reconversions. Cols blancs en quête de sens, métiers du tertiaire désincarnés, retour à la terre…

La jeunesse, particulièrement sujette aux interrogations sur son avenir, décroche. Appauvrie et démoralisée, elle ne peut se permettre d'être patiente à un âge où la vie est synonyme de fêtes, d'expériences, de découvertes, d'embrassades. « C'est dur d'avoir 20 ans en 2020 », avait affirmé Emmanuel Macron à l'automne, adoptant volontairement un registre de langage courant et accessible, conscient des difficultés d'une jeune génération désarmée face à un marché du travail désespérant. La nuit du réveillon du 31 décembre, habituellement festive, a été relativement calme en raison d'un couvre-feu très strict en France. Une fête sauvage, réunissant des milliers de jeunes dans un hangar désaffecté près de Rennes, fait réagir. Bras d'honneur de la part de rebelles inconscients, ou cri du cœur d'une jeunesse déprimée en proie à la solitude ?

Alors qu'un redoutable variant du virus est découvert au Royaume-Uni, et que l'Europe amorce un grand plan de vaccination de sa population, la France s'inquiète du retard pris sur ses voisins en matière de nombre de doses administrées. Et pour cause : les Français sont particulièrement méfiants à l'égard de ce vaccin, mis au point en un temps record.

Aux États-Unis, la démocratie chancelle. Le 6 janvier, des partisans de Donald Trump envahissent le Capitole, à Washington D.C., pour contester la certification des résultats de l'élection présidentielle. Accusé d'avoir incité ces derniers à la violence, Donald Trump voit ses comptes Twitter et Facebook suspendus. Une censure inédite de la part de ces plateformes, qui plus est à l'encontre d'un président des États-Unis d'Amérique !

Si 2021 apporte l'espoir d'un sprint contre la maladie, le monde s'attend à une pénible convalescence…

LES COMMUNICANTS PEUVENT-ILS INCARNER LA TRANSITION ?

>>> Par Hugo M. et Laurence M.

« J'ai peur parce que le combat qui structurait notre monde […], la volonté de tous d'avoir les mêmes conditions de vie que le groupe du dessus est en train de basculer dans un combat bien plus urgent pour la sauvegarde de l'environnement, ce qu'il en reste. Un combat inouï, autrement plus dangereux et aventureux […]. On sera poussés par la nouvelle génération, plus radicale. La décroissance sera brutale ou ne servira à rien. OK boomer[1] ? »

Fin novembre 2020, des États généraux de la communication se sont enfin ouverts dans un contexte où les communicants sont disqualifiés sur des questions de harcèlement, de bien-vivre au travail, de sexisme, de diversité ; les citations en exergue sur les comptes des Lionnes et Balance ton Agency nous font rougir de honte, mais non de surprise :

1. Christophe Perruchas, *Sept Gingembres*, Éditions du Rouergue, 2020, p. 148.

la communication a une réputation exécrable en management, on y trouve les charrettes, le manque de respect, la brutalité des relations, la culture de la masculinité toxique. On ne peut pas laisser de côté cette cinglante remise en cause. J'évoque le sujet avec Hugo M. ; j'ai besoin d'échanger avec un jeune représentant de la génération *millennials*/Z pour savoir comment il perçoit le secteur, lui qui est encore étudiant mais a choisi d'entrer dans le monde de la communication. À 25 ans, sa capacité d'analyse et son recul, nourris par un parcours scientifique ondoyant entre médecine et sciences humaines, sont foudroyants. Par ailleurs, il fait preuve d'une grande sincérité dans ses rapports avec nous. La fameuse horizontalité des Z ?

La rigueur scientifique de Hugo l'amène naturellement à redéfinir le sujet. Il faut notamment dissocier communication et publicité, qui s'est posée en référentiel du secteur depuis les années 1950, et dans laquelle Hopscotch ne s'est jamais reconnu. « On a toujours voulu faire notre truc », m'ont répété à plusieurs reprises tous les fondateurs. « C'est un peu facile, constate Hugo. Pour répondre aux critiques issues de la société civile, les professionnels ont changé de vocable, et disent qu'ils ne font pas de "publicité" mais de "la communication". Le glissement vers la communication suffirait pour blanchir un secteur déconsidéré. »

Comment en sommes-nous arrivés à incarner les maux de l'époque ? Selon les thèses des stars des sciences humaines, Jean Baudrillard et Edgar Morin, la communication est dans une relation d'interdépendance, une « boucle récursive » (Edgar Morin) avec son époque ; elle participe à la construction d'un imaginaire collectif qui va à son tour orienter les stratégies de communication.

« Mais bon, on peut questionner l'idée que la communication permette à une société de se remettre en cause, remarque Hugo. La plupart du temps, elle "introduit de la dissonance cognitive à dose homéopathique[2]". Elle se limite à proposer des alternatives qui laissent voir comment les choses pourraient être autrement. Sans jamais s'inscrire dans une opposition ou une contestation ouverte du modèle actuel. »

2. Pierre Soulages, *Ce que le noir m'apprend.* Citation extraite du catalogue de l'exposition Soulages *Les Outrenoirs*, 03/11/2016.

Donc, nous avons failli par défaut d'audace, de sincérité, d'intégrité ? Non, plutôt parce que le marketing n'est pas le bon outil pour faire évoluer une société, selon Hugo : « Ce n'est pas un outil de communication, c'est une recette persuasive. Utiliser pour convaincre, obtenir l'adhésion, faire penser comme le persuadeur. C'est un moyen de justifier nos convictions et nos actions auprès d'autrui en utilisant des arguments qu'ils ont envie d'entendre et auxquels ils croient déjà. »

Mais alors, à quel titre pourrions-nous revendiquer une quelconque crédibilité dans le conseil pour aider les entreprises à faire leur transition vers un monde plus respectueux, plus inclusif, plus coopératif, fonctionnant sur la confiance et laissant de la place à la différence ? L'argument, avancé récemment par le dirigeant des Associations des Agences-Conseils en Communication (AACC), « si on a su vendre des voitures, on saura vendre des vélos[3] », dissuade toute tentative de reprendre un *leadership*. Il vient renforcer la perception de la profession comme un métier de mercenaires, alors que l'époque a évolué et traque le *X washing*, le ripolinage, le manque d'alignement. Comme le professe Franck Annese, le fondateur du groupe de médias *Society*, nous avons d'abord besoin de sincérité : « Il ne s'agit pas de dire : applaudissons aux fenêtres, faisons des cœurs avec les mains et postons des vidéos mignonnes sur TikTok. Cela, je m'en fous, ça ne m'intéresse pas. Ce qui m'intéresse, c'est le rapport honnête à la chose : c'est la merde pour tout le monde, ok, état de fait, bon. Comment fait-on pour s'en sortir ? Et pour s'en sortir par le haut[4] ? »

Certes, on pourra faire œuvre de séduction pour vendre des vélos, mais *quid* des valeurs qu'il y a derrière le vélo ? C'est un sacré combat de promouvoir des valeurs qui s'inscrivent à rebours de la culture dans laquelle on a été élevé ; il faut pouvoir les incarner, pleinement, entièrement. Est-ce que nous, communicants, nous incarnons aujourd'hui la transition et l'avenir, ou bien Jacques Séguéla et sa Rolex ?

3. David Leclabart (AACC), dans l'Hebdo Com de BFM du 21/11/2020.
4. Franck Annese (*Society*) dans *Influencia* du 04/01/2021.

7 MANIÈRES DE DIRE « OUI » À LA COMMUNICATION EN 2021

Thèse n° 1 : oui aux outils de communication, quand ils ne sont que des outils

Aujourd'hui, une grande partie de cette profession foisonnante (en France, la communication représente 120000 emplois directs en agence, 150000 chez l'annonceur[5]) pense que les outils et les stratégies de communication visant à générer de la visibilité et de la conversation ne sont ni bons, ni mauvais ; ces communicants professent une approche du métier purement technique, servie par l'évolution de la profession vers la programmatique : on améliore le ROI, le taux d'engagement, la visibilité, le *repost*, la remontée dans les moteurs de recherches, on amoindrit le rebond, on booste le taux d'ouverture, de trafic, de conversion. On pilote des *analytics via* des *dashboards*. Cette maîtrise est fondamentale et ouvre des opportunités.

C'est ce que nous a rappelé Alex V.E. : le monde de la presse se réinvente sur la production de contenus finement ciblés, laquelle permet aux annonceurs d'aborder un marketing de plus en plus sérié. Nous-mêmes, chez Hopscotch, nous nous apprêtons à faire ce pivot avec la récente prise de capital du groupe Reworld Media, lequel va donner à nos événements une caisse de résonance auprès de communautés déjà constituées. Mais la technique seule n'a jamais fait un grand danseur. On ne se divertit plus seulement sur les réseaux sociaux, on vient se nourrir et coconstruire le monde de demain. Les marques et les entreprises embrassent un rôle transformatif ; elles convertissent la consommation, qui devient sociale et culturelle. C'est l'évolution constatée par Anne-Laure de la G. et Judith G. pour le monde du luxe. On a vu qu'elle tendait à se généraliser dans tous les secteurs.

5. Enquête Ernst & Young (EY) 2016, « Combien les entreprises investissent-elles vraiment en communication ? ».

Thèse n° 2 : oui à la communication qui participe à créer des relations de qualité

La communication prend aujourd'hui la forme d'un échange. *Exit* la communication « descendante », même quand il s'agit de la création de contenus, car « c'est désuet de vouloir être les organisateurs du contenu des gens[6] », comme le souligne Frédéric B. Oui aux contenus s'ils génèrent de la conversation entre les individus et les marques, grâce à des médias de plus en plus nombreux. D'ailleurs, notre *Relation Score*, l'outil mis au point par Human to Human pour mesurer le capital relationnel, met l'accent sur une généreuse interaction entre les marques et nous.

Les dernières études[7] produites pendant le Covid témoignent aussi de cet esprit de coconstruction : 80 % des Français se déclarent prêts à aider les marques à s'améliorer, en particulier en exprimant leurs attentes et avis (67 %). La moitié des déclarants affirme être entrée en contact avec une marque au moins une fois au cours des 12 derniers mois, dans un réel esprit de dialogue, que ce soit pour être utile à la marque (amélioration des produits, 12 %), pour exprimer sa satisfaction (14 %) ou son insatisfaction (22 %), ou encore pour être reconnu comme un client fidèle (9 %). Il y a en effet une demande de mettre de l'humain en interface avec la technologie. La *data* nous interpelle tout particulièrement sur l'envie exprimée d'avoir un garant de dialogue chez les marques : ¾ des répondants souhaitent que les marques proposent des interlocuteurs internes. Sans doute que ces ¾ ont fait la même expérience que moi, mille fois réitérée : à l'occasion d'une réclamation, d'une insatisfaction, d'une question qui ne rentre pas dans les cases précochées décidées par la marque (comment appeler dialogue cet exécrable ersatz relationnel...), on est renvoyé dans une boucle sans fin sur les différents réseaux sociaux de la marque (mails ne permettant

6. Interview de Frédéric Bedin par Gaël Solignac, podcast « Say Say Say », SoundCloud, 13/11/2020.

7. Enquête réalisée en décembre 2020 par Kantar sur les liens qui unissent aujourd'hui les Français aux marques. Cette édition spéciale a pour thème « Re-liés, marques et consommateurs : un nouveau dialogue », *in CB News* du 08/01/2021.

pas de réponse, comptes Twitter, Facebook, Instagram, LinkedIn parfois, *bots* arrivant au bout de 3 questions à leur seuil d'incompétence...). Ce sont alors parfois les *community managers* qui prennent le relais avec un rapide accusé de réception, et qui deviennent par défaut le SAV de la marque. L'engagement pour une marque induit un engagement au moins équivalent de celle-ci, une symétrie des attentions : un interlocuteur humain dédié avec qui créer une relation opérante, un vrai représentant du client. Cette réclamation fait écho aux propos précédents : arrêter la communication descendante vers les publics internes de l'entreprise, les faux *metrics* d'engagement ; donner de l'importance à la *vraie conversation* et aux interactions enrichissantes ; proposer une qualité d'interaction *à l'intérieur et à l'extérieur de l'entreprise* ; donner le pouvoir aux publics (collaborateurs, fans...). La relation à l'ère post-Covid favorisera l'attention réelle.

Thèse n° 3 : oui à la communication qui se met au service des groupes

On a fait un sort à la notion de cible. La communication n'est pas un stand de tir. Place aux communautés librement choisies et revendiquées dont la communication sera le liant, un processus de relations entre altérités libres et égales. #MeToo, #BlackLivesMatter... 2020 a été l'année du retour vers un processus de reconnaissance des minorités, amorcé dans les années 1970, interrompu par les redoutables *eighties*, qui ont embrayé le processus de dépolitisation de la société. Ces mouvements cherchent moins à revendiquer la différence qu'à demander la même reconnaissance, les mêmes possibilités pour tous. Alors oui, il est primordial de connaître la personne à qui l'on s'adresse.

Cependant, identifier, m'explique Hugo, c'est reconnaître une personne dans sa singularité, dans son altérité. Alors que cibler, c'est nier la singularité d'autrui, c'est refuser de reconnaître son altérité, pour tenter de le rendre conforme à ses propres représentations, ses propres intérêts. On voit, dans l'environnement stérile où le Covid nous a plongés, à quel point nous sommes multicommunautaires : « Nos cellules familiales sont trop étroites, il y a besoin de rencontres humaines[8] », constate Frédéric B. En 2021, les marques et les entreprises doivent « ambitionner de faire partie de la bande[9] », avec une vraie position de service.

Thèse n° 4 : oui aux relations fortes qui contrebalancent la toute-puissance des relations économiques

C'est à cette croyance que Maurice Obadia a dédié sa vie, et c'est pour cela qu'il a été renvoyé de l'université : « Quand il y a crise, la relation continue », a-t-il constaté. « C'est pour cela, plaisantait-il, qu'il vaut mieux capitaliser sur la relation que sur la bourse. » Parfois, la valorisation de la technique, de l'informatisation ou de la numérisation, selon les époques, donne l'illusion – comme au siècle dernier à la naissance de l'organisation scientifique du travail – que l'on peut enfin se débarrasser de l'aléa humain dans la production. Un exemple de l'absurdité de nos temps modernes réside dans ces fameux comptes Twitter écrits par des *bots* et « likés » par des algorithmes que l'on a vu émerger en 2015, date à laquelle on a réalisé que l'on pouvait entrer dans un scénario loufoque : des interactions d'où les humains ont été entièrement chassés ! Et puis le Covid est arrivé, et si nous avons progressé dans l'utilisation de la communication digitale, nous avons aussi pris conscience de la valeur du lien social, même dans le cadre professionnel : pour 40 % des Français, c'est un ingrédient clé du bonheur au travail ; c'est encore plus vrai pour les 18-24 ans, qui le désignent comme leur principale source de bonheur au travail[10]. 2021 ne sera pas 2015.

La qualité relationnelle est une responsabilité générale, partagée, précieuse. Chacun en a sa part, les marques, les entreprises et les organisations, les managers qui peuvent l'améliorer mais aussi les salariés, l'ensemble des acteurs de nos écosystèmes. Grâce à cette qualité

8. Interview de Frédéric Bedin par Gaël Solignac, podcast « Say Say Say », épisode 21, SoundCloud.
9. *Ibid.*
10. Étude OpinionWay pour Microsoft France, décembre 2020.

relationnelle, on peut patiemment dénouer un à un les fils des crises comme celles que nous vivons pour dépasser les ressentiments. « À l'heure où la maîtrise des outils numériques devient l'impératif de l'honnête homme du xxie siècle, il faudra certainement y rajouter la qualité relationnelle. C'est un enjeu, car nos jeunes étudiants, nos managers, considèrent aujourd'hui que leur efficacité managériale et leur *leadership* tiendraient surtout à leurs qualités intrinsèques propres plutôt qu'à leurs relations aux autres[11]. » En 2021, « et si nous nous occupions moins de ce qui se passe en nous, et plus de ce qui se passe entre nous[12] ? ».

Thèse n° 5 : oui à la communication qui construit du commun pour des marques contributives

Avec le déclin des grandes structures traditionnelles de sens, la marque tend vers une posture politique. La crise du Covid accroît notre impérieux besoin de voir les marques et les entreprises accélérer sur des valeurs et des causes sociales progressistes. Selon Kantar[13] et « Re-liés », les Français veulent des marques qui s'engagent sur les sujets directement en lien avec leur périmètre (83 %), mais aussi sur des sujets généraux (54 %) comme la santé, le climat, la pollution et les ressources naturelles. Halte aux « gestes de communication », livres blancs ou *manifesto*, et priorité aux actions concrètes. L'année 2020 a inauguré l'ère de la traçabilité, de la création de circuits courts, du recyclage ou des produits militants. La communication 2021 glisse vers des interactions centrées sur l'*ethos* de la marque : des valeurs sociales, politiques ou morales. Amazon se répand sur les réseaux sociaux à propos de son action contributrice en faveur du petit commerce français : cela vous semble normal ? Revenons aux années 2000 : il fallait éviter à tout prix de parler politique ; la marque, c'était un service, des attributs

11. Maurice Thévenet, « Relations humaines : le retour », *in The Conversation*, février 2017.

12. Christiane Singer, interview du CICNS, 2006.

13. Enquête réalisée par Kantar en décembre 2020 sur les liens qui unissent aujourd'hui les Français aux marques, voir *supra*.

produits. 2021 a définitivement consacré l'avènement de la marque politique à vocation contributrice.

Un capital relationnel solide suppose de travailler avec ses publics à résoudre ses crises (Emmanuel B.), se réformer, s'impliquer utilement, en concertation avec les associations. Oui, les publics répondent présents, ouvrons-leur nos dispositifs de concertation et de création. Ouvrons les marques. « Citoyenne parmi des citoyens, elle doit adopter les valeurs de cette nouvelle citoyenneté[14] » : honnêteté, transparence, altruisme ; l'individu qui vient gratuitement en aide aux autres (l'internaute sur les forums, le bénévole dans une association) attend pareil comportement de la part des marques.

Une communication relationnelle ne sera pas une communication consensuelle, et tant mieux. La relation permet de construire du sens commun à partir de l'expression publique et légitime des désaccords entre êtres humains égaux, libres et différents. En 2021, *on fera attention à la richesse relationnelle de la marque ou de l'organisation*, laquelle se manifestera par sa capacité à forger du commun, mais aussi par ses dissensus.

Thèse n° 6 : oui à l'énergie misée sur la création de relations plutôt que sur la paresse relationnelle

Avant de bifurquer vers la communication, Hugo avait commencé des études de médecine. Il en a gardé l'appétit des neurosciences. Il parle de l'existence du striatum, cette structure nerveuse au centre du cerveau impliquée dans le processus de prise de décision, de la motivation et des impulsions. En lien avec « le circuit de récompense », le striatum est la principale cible de la dopamine. Ce neurotransmetteur s'active particulièrement dans les 5 cas suivants : quand il s'agit de manger ; à la perspective d'un rapport sexuel ; lorsque la perspective de gagner en statut social entre en jeu ; quand on acquiert de la connaissance ou de la

14. Frédéric Aubrin, « Vers un nouveau concept de marque : l'alter-marque », *Management et Communication*, L'Harmattan, vol. 10, n° 2, 2013, pp. 10-21.

pratique ; et surtout, quand on arrive à obtenir tout le reste avec moins d'effort ou plus de facilité que la fois précédente. « Plus on enlève l'effort, conclut Hugo, et plus on active le circuit de la récompense… » Tout le principe de la commande en un clic, avec livraison à domicile, repose sur cette réalité neuroscientifique. Pareil pour le *dark design*, ensemble de techniques visant à créer des interfaces trompeuses liées à une stimulation pensée pour maximiser la sécrétion de dopamine. On peut demander à la communication de nous aider à dire non à la paresse intellectuelle, à la production de dopamine à bas coût, d'inverser le rapport de force qui donne l'avantage à la facilité, en conférant une *valeur immatérielle* supérieure à l'effort produit. Concrètement : participer à un événement pour se sentir appartenir à une communauté plutôt que de le regarder *on-line* ou à la télévision, faire l'effort d'aller chez le libraire ou le caviste plutôt que de commander *on-line* pour comprendre le lien particulier que ces derniers ont avec leur métier, et la manière dont nous, en repartant avec un peu de cette passion, nous allons participer à la sauvegarde de cet art de vivre qui nous manque quand nous en sommes privés…

Entrer en relation, c'est se poser dans un processus de synchronisation permanente avec l'autre. C'est une gratification souvent malaisée. La relation humaine est exigeante autant qu'elle nous comble. Elle comporte ses zones d'ombre, où le contrôle nous échappe : et si ça ne se passait pas comme prévu ? et si l'autre nous jugeait ? et s'il nous disait non ? et si on n'osait pas dire non ? La relation demande d'être présent, attentif, de laisser de côté son pilote automatique : « Ma fierté, c'est de sortir les gens de derrière leur ordinateur[15]. » Partout où nous serons présents physiquement, nous ferons monter notre niveau de conscience par rapport à une présence *on-line*, comme dans ces événements multi-acteurs initiés par l'agence.

En 1930, John Maynard Keynes, dans *Lettre à nos petits-enfants*, avançait la chose suivante : quand la société n'aura plus besoin de mobiliser tout le monde pour subvenir à ses besoins économiques fondamentaux, elle sombrera dans une dépression nerveuse universelle ; il lui

15. Frédéric Bedin, interview de Gaël Solignac *in* podcast « Say Say Say » du 16/11/2020.

faudra savoir « mettre au premier plan les vrais problèmes de la condition humaine, à savoir ceux de la vie et des relations entre les hommes[16] ». En mars 2020, ceux qui applaudissaient les gens qui faisaient tourner les pays se sont posé la question de leur propre « essentialité ». Notre réponse, aujourd'hui, nous l'avons trouvée : je suis utile si je crée de la relation. Posons-nous la question de la relation dans nos actions quotidiennes : est-ce que je l'évite ou est-ce que je la recherche ? *Faire le choix de la relation à chaque fois qu'on en a l'occasion*, c'est entrer dans le processus de compréhension de l'autre, c'est reconstruire des ponts entre les groupes, et c'est plein de bonnes surprises.

Thèse n° 7 : oui au capital relationnel s'il est un humanisme

Oui à une communication qui privilégie les relations de qualité, fortes, altruistes, sans jugement… « Je trouve ta plaidoirie *pro domo* sur la communication remarquable, dis-je à Hugo, mais nous, chez Hopscotch, on ne se vit pas comme des communicants. Pas tant que la profession ne sera pas synonyme de manipulation, sans écoute et sans prise en compte de l'autre. » Je réfléchis pour trouver les mots qui reflètent les pensées et les espoirs de tous ceux qui ont participé au projet ALL WRITE et ont voulu, par leurs contributions, prendre leur futur en main, l'infléchir, pour y vivre mieux.

Nous nous reconnaissons dans la création de relations pour ses possibilités d'interactions et non de transmission unidirectionnelle des messages. Et puis, on aime bien aussi la fragilité de la relation : cela change tout le temps, l'issue n'est jamais connue d'avance. *Nous sommes des créateurs de capital relationnel pour les marques et les entreprises.* Être créateur de capital relationnel, bâtir des écosystèmes de relation, c'est s'engager sur un chemin différent : lutter contre l'instantanéité, l'individualisme et l'isolement vers lesquels nous entraînent l'éclatement des pratiques culturelles, la surimposition des logiques marchandes

16. John Maynard Keynes, *Lettre à nos petits-enfants*, Les Liens Qui Libèrent, 2017.

et quantitatives, et l'amplification de tout le mouvement provoqué par le numérique. C'est accepter le désaccord, les prises de position contraires. C'est placer l'entreprise et la marque non pas en haut, mais au milieu, dans une posture d'écoute, de construction avec ses publics et… surtout, d'humanisme. « Dans les 100 prochaines années, alors que l'intelligence artificielle nous éloignera encore plus de nous-mêmes, il n'y aura nul bien plus précieux que tout ce qui permettra aux hommes de se sentir humains[17]. » Chez Hopscotch, assume Frédéric B., « ce qui nous guide, c'est la culture de l'art de vivre européen […]. Le bien-vivre, le tourisme, le luxe, l'éducation, la culture et le développement durable ont autant de valeur que la tech ou la finance[18] ».

Le collectif des communicants du projet ALL WRITE,
Paris, le 8 janvier an I post-Covid

17. Alessandro Baricco, *op. cit.*, p. 373.
18. Interview de Frédéric Bedin par Gaël Solignac, voir *supra*.

REMERCIEMENTS

Un grand merci à tous les contributeurs de ce projet : en dépit de leur quotidien très chargé, ils ont bien voulu le soutenir, partager leurs rêves, leurs désirs, leurs aspirations pour leur métier… En témoignant de ce que pourrait être le capital relationnel et en permettant à ce livre d'exister, ils ont écrit une nouvelle page de l'histoire de la communication.

CONTRIBUTEURS

Sous la direction de Frédéric Bedin, Benoît Désveaux, Laurence Malençon.

Écriture et curation : Laurence Malençon.

Management projet : Eva Hatik-Vaillant, Idris Fombonne, Valentin Hamelle, Ulysse Chailley, Somalia Barro.

Rubrique « Air du temps » : Flora Louvet.

Chapitre 1 : Eleonore Herfurth, Laurence Malençon.

Chapitre 2 : Laurence Malençon, Hugo Mérel.

Chapitre 3 : Somalia Barro, Frédéric Bedin, Augustin Missoffe.

Chapitre 4 : Anne-Laure de la Grandière, Judith Grynszpan, Sidonie Plottier, Sophie Gerstenhaber.

Chapitre 5 : Saad Radhy, Maurice Obadia, Flora Louvet, Duc Ha Duong, Benoît Désveaux, Victor Bresch, Philippe Alberola, Cécile Granat, Sylvie Hellmann, Marie-Antoinette Gallimard, Valérie Bonnement.

Chapitre 6: Thibaud Chemin, Alexandre Van Eeckhout, Anne Trompette, Marie Quint, Cécile Granat, Thomas Fournier, Somalia Barro.

Chapitre 7 : Laurence Malençon, Deborah Deloison, Lorraine Lacour, Marie de Beauregard, Judith Delmas, Annabelle Sers, Corentin Faniel, Flora Louvet.

Chapitre 8: Cécile Le Galès, Pauline Thévenin-Lemoine, Laurence Malençon, Saad Radhy, Pasquale Frassanito, Somalia Barro, Antoine Brachet.

Chapitre 9 : Cécile Granat, Benoît Désveaux, Somalia Barro, Emmanuel Beaurepaire, Cécile Bidon, Isabelle Luoni, Pierre-Franck Moley, Jacques Huybrechts.

Conclusion : Laurence Malençon, Hugo Mérel.

Dépôt légal : décembre 2021
Imprimé en France par Corlet Imprimeur
N° d'impression : 21090883

Cet ouvrage est imprimé sur du papier offset 90 g,
papier issu de forêts gérées durablement.